南京师范大学教育社会学研究中心
教育与社会研究丛书

南京师范大学教育社会学研究中心

教育与社会研究丛书
丛书主编　程天君

社会结构与高等教育分流

孙启进 / 著

南京师范大学出版社
NANJING NORMAL UNIVERSITY PRESS

图书在版编目(CIP)数据

社会结构与高等教育分流/孙启进著. —南京：南京师范大学出版社，2020.11
（教育与社会研究丛书/程天君主编）
ISBN 978-7-5651-3666-5

Ⅰ.①社… Ⅱ.①孙… Ⅲ.①社会结构—影响—高等教育—教育制度—研究—中国 Ⅳ.①G649.22

中国版本图书馆 CIP 数据核字（2020）第 227355 号

丛 书 名	教育与社会研究丛书
丛书主编	程天君
书 名	社会结构与高等教育分流
作 者	孙启进
策划编辑	王　艳
责任编辑	徐文娟
出版发行	南京师范大学出版社
地 址	江苏省南京市玄武区后宰门西村 9 号（邮编：210016）
电 话	（025）83598919（总编办）　83598412（营销部）　83373872（邮购部）
网 址	http://press.njnu.edu.cn
电子信箱	nspzbb@njnu.edu.cn
照 排	南京开卷文化传媒有限公司
印 刷	南京工大印务有限公司
开 本	787 毫米×960 毫米　1/16
印 张	16
字 数	207 千
版 次	2020 年 11 月第 1 版　2020 年 11 月第 1 次印刷
书 号	ISBN 978-7-5651-3666-5
定 价	48.00 元
出 版 人	张志刚

南京师大版图书若有印装问题请与销售商调换

版权所有　侵犯必究

九九归一:教育与社会

——《教育与社会研究丛书》总序

光阴似箭,日月如梭,时间指向了 2019 年。

对于中国大陆教育社会学来说,"九"是个具有历史巧合意义的时间节点。无妨说,中国教育社会学,尤其是南京师大教育社会学,逢"九"值得记忆并纪念。

1949 年之后的一段时期,由于众所周知的原因,中国大陆教育社会学未能接续此前"草创时期"而得到发展,甚至连生存权利也被彻底剥夺,教学与研究完全中断——整整 30 年①。

1979 年起,一些学者开始译介国外教育社会学发展的著述,我们由此开启了教育社会学发展史上迄今闻所未闻的所谓"学科重建"。

1989 年,在我国教育社会学发展史上是个特别的年份。在这一年,中国第一个教育社会学学术团体——全国教育社会学专业委员会成立,其后每两年举办一次学术年会的惯例被沿用至今。也是在这一年,全国高等学校文科教学参考书《国外教育社会学基本文选》发行——巧合的是,2009 年,该书修订版出版②。尤为值得一提的,还是在这一年,南京师大、华东师大相继开始培养教育社会学方向的博士研究生,从而实现了我国教育社会学人才培养层次上的"三级跳"和教育社会学课程开设阶段上的本、硕、博"全覆盖"——从 1982 年南京师大

---

① 鲁洁,吴康宁.教育社会学丛书.总序[M].南京:南京师范大学出版社,1999.
② 张人杰.国外教育社会学基本文选[M].上海:华东师范大学出版社,1989;张人杰.国外教育社会学基本文选(修订版)[M].上海:华东师范大学出版社,2009.1990 年,人民教育出版社出版"高校文科教材"《教育社会学》(鲁洁主编,吴康宁副主编,该书获江苏省哲学社会科学优秀成果一等奖、全国高校优秀教材一等奖)。

在全国率先开设本科生的教育社会学课程,到1984年华东师大与南京师大以及北京师大、杭州大学等校陆续开始培养教育社会学方向的硕士研究生①,再到1989年南京师大开始招收教育社会学方向的博士生乃至1999年南京师大开始招收教育社会学方向的博士后研究人员。

1999年亦是一个值得记忆的年头。《南京师范大学教育社会学沙龙文集》所收文稿起始于1999年②。同样在1999年,我国首套《教育

---

① 参见:吴康宁.教育社会学[M].北京:人民教育出版社,1998:49-50;张人杰.中国大陆教育社会学的二十年建设(1979—2000年)[J].华东师范大学学报(教育科学版),2001(2);吴康宁.我国教育社会学的三十年发展(1979—2008)[J].华东师范大学学报(教育科学版),2009(2).关于教育社会学硕士研究生的培养,厉以贤提供了另一种说法:"稍后,北京师范大学(1983年,指导教师为厉以贤教授)和华东师范大学(1986年,指导教师为张人杰副教授)开始招收教育社会学的硕士研究生。"详见:厉以贤.中国大陆教育社会学的十年建设(1979—1988)[J].现代教育(台湾),1991(2).

② 起初,南京师范大学的教育社会学学术活动是涵盖在鲁洁老师主持的"南京师范大学教育学原理沙龙"之中的。随着教育社会学研究的不断拓展与深化,以及教育学原理学科本身的不断充实与丰富,教育社会学学术活动便逐渐发展成一个相对独立、相对专门的学术事项。细算起来,南京师范大学教育社会学方向的教师与研究生以沙龙的形式开展学术研讨活动开始于1993年,当时主要是为了研讨"课堂教学的社会学研究"这一全国哲学社会科学"八五"规划青年基金课题而组织起来的,最初参加研讨的有吴康宁、程晓樵、吴永军、刘云杉等,只不过其时还不叫"沙龙"。正式称之为"沙龙",是在1997年;截至2007年4月11日,办了百期。2007年开始,为便于南京师大教育社会学沙龙成员翻查既往、检视当下、思索未来,在征求沙龙成员本人意愿的基础上,我们每年将各期沙龙的主题发言原稿汇编印刷成集——只可惜1999年之前的沙龙文稿已很难寻觅,故《南京师范大学教育社会学沙龙文集》所收文稿起始时间为1999年。自2008年始,"沙龙集萃"约每5年正式出版1—2本,详见:吴康宁主编《教育与社会:实践·反思·建构——博士沙龙百期集萃》,广西师范大学出版社2008年出版;贺晓星主编《教育与社会:学科·记忆·梦想——教育社会学学术沙龙集萃(2007—2012)》,南京师范大学出版社2016年出版;胡金平主编《教育社会学学术沙龙集萃:教育与社会:阅读·思考·对话——教育社会学学术沙龙集萃(2009—2012)》,南京师范大学出版社2016年出版;程天君主编《教育与社会:知识·文化·国家(2013—2018)》《教育与社会:视野·实践·主体(2013—2018)》,广西师范大学出版社2020年拟出(需说明的是,应出版社要求,也为简洁起见,这两本沙龙集萃书名有所简化)。自2014年开始,随着南京师范大学教育社会学方向博士生导师的增多(程天君、齐学红2014年开始招生)和沙龙成员的多元化(此前,沙龙成员主要是吴康宁老师的博士生、博士后、访问学者;此后,成员为教育社会学方向的博士生、博士后、访问学者),南京师范大学教育社会学沙龙被归列为南京师范大学教育社会学研究中心的一项学术事项继续开展,也开始增加了"来宾交流"活动,即每学期请两三位沙龙成员之外的来宾进行主讲。

社会学丛书》①（简称"第一套丛书"）出版。这套《教育社会学丛书》的出版，标志着②中国大陆教育社会学研究自恢复重建以来的第二次转型的完成，即从"以学科概论性研究为主、分支领域性研究为辅"阶段（20世纪70年代末至80年代中期），到"学科概论性研究与分支领域性研究齐头并进"阶段（20世纪80年代后期至90年代中期），再到"以分支领域性研究为主、学科概论性研究为辅"阶段（20世纪90年代后期至今）。继"第一套丛书"之后出版的第二套和第三套丛书，则在一定程度上使得中国大陆教育社会学研究之"以分支领域性研究为主、学科概论性研究为辅"阶段（20世纪90年代后期至今）"本身"又经历了第三次和第四次转型。第三次转型为在分支领域研究中实现从"以概论性研究为主、具体问题为辅"到"以具体问题研究为主、概论性研究为辅"的转换，2003年开始出版的《现代教育社会学研究丛书》③（简称"第二套丛书"）不失为显著标记。而随着这第三次转型——"从强分支领域到弱分支领域""从有分支领域到无分支领域"——的推进，实现了

---

① 鲁洁、吴康宁主编：《教育社会学丛书》，南京师范大学出版社1999年出版，包括吴康宁等著《课堂教学社会学》、吴永军著《课程社会学》、刘云杉著《学校生活社会学》、缪建东著《家庭教育社会学》等4部专著。其中，《课堂教学社会学》获全国教育科学优秀成果一等奖。

② 张人杰.中国大陆教育社会学的二十年建设（1979—2000年）[J].华东师范大学学报（教育科学版），2001(2).

③ 吴康宁主编：《现代教育社会学研究丛书》（含10部专著），包括张行涛著《必要的乌托邦：考选世界的社会学研究》、郭华著《静悄悄的革命：日常教学生活的社会构建》、张义兵著《逃出束缚："赛博教育"的社会学解读》、马维娜著《局外生存：相遇在学校场域》、王有升著《理想的限度：学校教育的现实建构》，北京师范大学出版社2003年版；楚江亭《真理的终结：科学课程的社会学释义》、齐学红著《走在回家的路上：学校生活中的个人知识》、周润智著《力量就是知识：教师职业文化的生产与再生产》，北京师范大学出版社2005年版；刘云杉著《从启蒙者到专业人：中国现代化历程中教师角色演变》、马和民著《从"仁"到"人"：社会化危机及其出路》，北京师范大学出版社2006年版。其中，《逃出束缚："赛博教育"的社会学解读》《局外生存：相遇在学校场域》分别获江苏省哲学社会科学优秀成果二、三等奖，《理想的限度：学校教育的现实建构》获山东省社会科学优秀成果三等奖，《力量就是知识：教师职业文化的生产与再生产》获辽宁省哲学社会科学优秀成果二等奖，《从启蒙者到专业人：中国现代化历程中教师角色演变》获中国高校人文社会科学研究优秀成果三等奖。

我国教育社会学研究的第四次转型,即出现了对我国具体教育问题的"跨分支领域的""融通的"社会学解释方面的研究成果,2005年开始出版的《社会学视野中的教育丛书》①(简称"第三套丛书")或可视为其代表。

对于我国教育社会学学科来说,2009年亦有不少可圈可点之处。仅以南京师范大学教育社会学来说,在这一年就取得三项标志性进展:是年,南京师范大学为本科生开设的"教育社会学"课程被评为国家精品课程,这在全国当属首例。在这一年,以本科教学为主要任务的南京师范大学"教育社会学团队"被评为校级优秀教学团队,并于次年被评为江苏省优秀教学团队,这当是全国首家省级教育社会学教学团队。也是在2009年,成立于2006年的"南京师范大学教育社会学研究中心"被评审确定为首批"江苏省高校哲学社会科学重点研究基地",这也是国内首家成为省级重点研究基地的教育社会学研究机构。

眼下的2019年,仍是南京师范大学在我国教育社会学学科发展和学术研究史上留下痕迹的一年。择要来说有四:一是南京师范大学教育社会学团队主持的教育部哲学社会科学研究重大课题攻关项目的最

---

① 吴康宁主编:《社会学视野中的教育丛书》(含11部专著),南京师范大学出版社2005年开始出版,包括胡金平著《学术与政治之间的角色困顿——大学教师的社会学研究》(2005)、杨跃著《匿名权威与文化焦虑——大众培训的社会学研究》(2006)、庄西真著《国家的限度——"制度化"学校的社会逻辑》(2006)、周宗伟著《高贵与卑贱的距离——学校文化的社会学研究》(2007)、闫旭蕾著《教育中的"肉"与"灵"——身体社会学研究》(2007)、高水红著《共用知识空间——新课程改革行动案例研究》(2008)、刘猛著《意识形态与中国教育学——走向一种教育学的社会学研究》(2008)、程天君著《"接班人"的诞生——学校中的政治仪式考察》(2008)、庄西真著《权力的滞聚与流散——地方政府教育治理模式变革的研究》(2008)、石艳著《我们的"异托邦"——学校空间社会学研究》(2009)、王晋著《一个称作单位的学校——基于对晋东M中学的实地调研》(2012)。其中,《高贵与卑贱的距离——学校文化的社会学研究》《"接班人"的诞生——学校中的政治仪式考察》获江苏省哲学社会科学优秀成果一等奖,《学术与政治之间的角色困顿——大学教师的社会学研究》获江苏省哲学社会科学优秀成果二等奖,《国家的限度——"制度化"学校的社会逻辑》《权力的滞聚与流散——地方政府教育治理模式变革的研究》获江苏省哲学社会科学优秀成果三等奖。

终成果《教育改革的社会支持》①出版；二是本团队主持的江苏高校哲学社会科学优秀创新团队项目的最终成果《新教育公平研究丛书》②出版；三是本团队成员的学术成果《教育改革的"中国问题"》③继此前获得第五届全国教育科学优秀成果一等奖（2016）、第七届吴玉章人文社会科学奖一等奖（2017）之后，于 2019 年获得第八届中国高校人文社会科学研究优秀成果奖一等奖④；四是南京师范大学开始出版我国第四套教育社会学丛书——《教育与社会研究丛书》（简称"第四套丛书"）。

从上述 1949—2019 年这个时间轴里，可观察和聚焦以下三点：

第一，上述四套特别是前三套教育社会学丛书的出版，在一定程度上带动了中国大陆教育社会学研究自学科恢复重建以来的四次转型。这四套教育社会学丛书诞生于我国教育社会学学科重建以来的进程之中，也见证了这一进程的发展。客观地说，这四套丛书既受益于教育社会学的学科发展，又促进了教育社会学的学科发展。而其中的一支主要生力军，当属教育社会学方向的博士生，这四套丛书中的大部分专著是基于作者的博士论文（不仅限于南京师大的博士）和少数博士后出站报告（不仅限于南京师大的博士后）修订出版的⑤。这也是我们继续主

---

① 吴康宁，等.教育改革的社会支持[M].北京：人民出版社，2019.
② 程天君主编：《新教育公平研究丛书》（含 6 部专著），南京师范大学出版社出版，包括程天君等著《新教育公平引论》、高水红著《新教育公平视野下的学校再生产》、杨跃著《新教育公平视野下的教师教育改革》、张义兵著《知识建构——新教育公平视野下教与学的变革》、雷晓庆著《课堂教学公平指标体系的建构与应用》、贺晓星等著《家长、社区与新教育公平》。
③ 吴康宁.教育改革的"中国问题"[M].南京：南京师范大学出版社，2015.
④ 2003 年，南京师范大学教育社会学团队成员的成果《教育社会学》（吴康宁著，南京师范大学出版社 1998 年版）获第三届中国高校人文社会科学研究优秀成果一等奖。
⑤ 这些由博士学位论文或博士后出站报告修订而出版的专著产生了广泛的影响，其中不少专著获得了国家和省部级优秀成果奖（详见总序第 3 页注①③、第 4 页注①）；亦有博士学位论文获奖，如程天君的博士学位论文《"接班人"的诞生——学校中的政治仪式考察》获"全国优秀博士学位论文"，高水红的博士学位论文《改革精英——基础教育课程改革案例研究》获"江苏省优秀博士学位论文"。

编出版"第四套丛书"《教育与社会研究丛书》并仍以博士论文为主的根由和动力所在。

第二,改革开放40多年来,我国教育社会学特别是南京师大的教育社会学研究经历了从注重"学校教育(内部)自身社会子系统"的研究①,到注重"社会转型与教育变革"的关系研究②,再到注重"教育改革和发展的(外部)社会支持"的研究③这样一种跃迁之轨迹。在这一跃迁的过程之中,我们既承担了相关科研项目,也产生了具有类型意义的代表性成果。

第三,无论是聚焦于学校教育内部,还是聚焦于社会转型与教育变革之间,抑或是聚焦于教育的外部,教育社会学研究终不脱"教育与社会"这一光谱,可谓万变不离其宗。

---

① 在这方面,南京师大教育社会学团队1987年开始承担全国教育科学规划重点课题,并于当年开始进行教育社会学的实证研究"课堂教学与班集体建设";其后,相继承担了"课堂教学的社会学研究""德育社会学研究"及"课程的社会学研究"等全国哲学社会科学规划研究项目及全国教育科学规划研究项目;在此过程之中和基础之上,出版了"第一套丛书"中的《课堂教学社会学》(吴康宁等著)、《课程社会学》(吴永军著)、《学校生活社会学》(刘云杉著)以及吴康宁主编的《课程社会学研究》(江苏教育出版社2004年版)等代表性成果。

② 在这方面,南京师大教育社会学团队承担了"信息社会的到来与中国教育的转型""中国教育改革的社会学研究"及"当代中国教育转型研究"等全国教育科学规划研究项目及国家"211工程"建设项目;在此过程之中和基础之上,出版了《教育改革的"中国问题"》(吴康宁著)、《中国教育改革的社会学研究丛书》[吴康宁主编,广西师大出版社2011年版,包括马维娜著《集体性知识:中国教育改革的社会学解释》(获江苏省哲学社会科学优秀成果一等奖)、王海英著《常识的颠覆:学前教育市场化改革的社会学研究》(获江苏省哲学社会科学优秀成果三等奖)、彭拥军著《精英的合法性危机:高等教育改革的社会学研究》、杨跃著《"教师教育"的诞生:教师培养权变迁的社会学研究》(获江苏省哲学社会科学优秀成果三等奖)、齐学红著《在生活化的旗帜下:学校道德教育改革的社会学研究》(获江苏省哲学社会科学优秀成果二等奖)、周元宽著《情境逻辑:底层视阈中的大学改革》]及《社会学视野下的中国教育改革》(高水红主编,教育科学出版社2016年版)等代表性成果。

③ 在这方面,南京师大教育社会学团队承担了教育部哲学社会科学研究重大课题攻关项目"我国教育改革和发展的社会支持系统研究"及江苏高校哲学社会科学优秀团队项目"新教育公平的理论建构与实践探索"等科研项目;在此过程之中和基础之上,出版了《教育改革的社会支持》(吴康宁等著)和《新教育公平研究丛书》(程天君主编,详见总序第5页注②)等代表性成果。

事实上,迄今为止的教育社会学,不管西方的还是中国的,无论传统的抑或新兴的,其主流的研究对象乃至学科性质界定便是"教育社会学就是研究教育与社会关系的学科"(简称"关系说"),"关系说"普遍存在于教育社会学相关的辞书、教材、专著以及冠以"教育社会学"之名的著述当中①。唯因不同学者关注"教育"的层面不同,便存在着"教育制度与社会相互关系说""教育活动(过程)与社会相互关系说"及"教育与社会相互关系说"等几种有所区别的"关系说"②。就传统的教育社会学(educational sociology)和新兴的教育社会学(sociology of education)来看,"关系说"在新兴的教育社会学尤甚;就中和外来看,"关系说"在中国更浓。援引两例为证。譬如,一项统计显示,在20世纪80年代的英国《教育社会学期刊》和美国《教育社会学》这两份学术刊物中,主题为"教育与社会关系"(包括"社会化与教育""社会结构与教育""社会阶层化与教育""社会问题与教育""社会变迁与教育"等)的论文,占据前一刊物的近三分之一(29%)容量,占据后一刊物的大半江山(52.9%)③。又譬如,被认为标志着中国教育社会学起点的第一本中文教育社会学著作便是《社会与教育》④。以至我国当代教育社会学者谢维和直言:"与其他学科相比,教育社会学独特之处在于它是通过教育与社会的关系来研究教育活动和教育现象的。"⑤

说到底,教育社会学研究的要领,从反向来说就是,既不能"就教育谈教育",也不能"撇开教育谈其他(社会)"。从正向来说就是,教育社会学的特点在于其既姓"教",又姓"社",即教育社会学研究的是特殊的教育现象或教育问题,也就是具有社会学意味的教育现象或教育问题,

---

① 程天君.教育社会学就是研究"教育与社会关系"的学科吗——从"教学要点"到"教学难点"[J].教育研究与实验,2010(4):21-26.
② 吴康宁.教育社会学[M].北京:人民教育出版社,1998:2-5.
③ 李锦旭.20世纪80年代英美教育社会学的发展趋势:两份教育社会学期刊的分析比较[J].现代教育,1991(2).
④ 陶孟和.社会与教育[M].上海:商务印书馆,1922.
⑤ 全国教育科学规划领导小组办公室.教育科研大家谈[M]北京:教育科学出版社,2007:162.

或者说是教育现象或教育问题的"社会层面"①。即便是对于"关系说"的反思和超越这一尝试本身②终究也难以彻底脱离"关系说"来进行言说。

  这就是我们将第四套教育社会学丛书命名为"教育与社会研究丛书"的理据,因为"教育与社会"可谓教育社会学研究的肇端;这也是我们将《教育与社会研究丛书》总序命名为"九九归一:教育与社会"的原因,毕竟,"教育与社会"实乃教育社会学研究万变不离之宗;这还是我们在出版南京师范大学教育社会学沙龙集萃时将其主标题恒定为"教育与社会"③的原委,因为这是一份坚守。

程天君

2019 年岁末

---

① 吴康宁.教育社会学[M].北京:人民教育出版社,1998:1-20.需要说明的是,该著当时的界定是"社会学层面";在第 253 期南京师范大学教育社会学沙龙(2016 年 9 月 14 日)上,吴康宁老师提出,其实应该是"社会层面",而不是"社会学层面"。据此,这里正式修订为"社会层面"。

② 程天君.从"教育/社会"学到"教育社会"学——教育社会学研究范式的转换[J].北京大学教育评论,2017(2)77-101.

③ 详见总序第 2 页注②。

目 录

九九归一:教育与社会——《教育与社会研究丛书》总序………程天君

第一章　绪　论………………………………………………001
　　第一节　研究缘起:问题的提出………………………003
　　第二节　研究基础:文献回顾与评析…………………009
　　第三节　研究框架:概念界定与研究内容……………037

第二章　研究方法的反思与选择………………………………043
　　第一节　量质之争:社会学争端在研究方法领域的表现……046
　　第二节　量质融合:基于对量质之争理性认识的必然选择……056
　　第三节　量质互联:对本研究采用的研究方法的说明………064

第三章　社会结构对高等教育分流流层结构的影响……………071
　　第一节　影响高等教育分流的"看得见的手":作为高等教育
　　　　　　分流标准的"学术标准"……………………………078
　　第二节　影响高等教育分流的"看不见的手":"学术标准"
　　　　　　背后的社会结构因素…………………………………082
　　第三节　我国社会结构对高等教育分流流层结构影响的
　　　　　　实证研究…………………………………………………085
　　第四节　社会结构影响高等教育分流流层结构的机制分析
　　　　　　………………………………………………………119

第四章 社会结构对高等教育分流流向结构的影响 ……… 129
  第一节 专业选择的社会学意义 ……… 131
  第二节 我国社会结构对高等教育分流流向结构影响的
        实证研究 ……… 135
  第三节 社会结构得以影响高等教育分流流向结构的原因分析
        ……… 157

第五章 横向学历的社会分化作用分析 ……… 165
  第一节 横向学历差异:高等教育分流的教育后果 ……… 167
  第二节 横向学历对大学生毕业去向影响的实证研究 ……… 170
  第三节 研究结论与讨论 ……… 191

第六章 获益的不平等性:各社会阶层高等教育的获益情况分析
        ……… 197
  第一节 出身于不同社会阶层毕业生的毕业去向分布情况
        ……… 200
  第二节 "哑铃型"获益结构:各阶层的高等教育获益情况分析
        ……… 218
  第三节 各阶层高等教育获益情况不平等的原因分析 ……… 220

结　语 社会流动中的高等教育:作用及其限度 ……… 225

参考文献 ……… 231

后　记 ……… 242

第一章 绪论

自 20 世纪末以来,中国高等教育又一次拉开了扩招的大幕,十年之间,高等教育的规模迅速扩张,招生规模从 1997 年的 100.04 万人迅速增长到 2007 年的 565.92 万人,截至 2007 年,高等教育毛入学率已经达到 23%,迈入高等教育大众化阶段。但是,为什么高等教育规模的疾速扩张和高等教育入学机会的大规模膨胀带来的却是人们越来越强烈的高等教育不平等感?这种强烈的不平等感产生的原因是什么?高等教育的不平等只是人们的一种主观感受,还是已经存在的一种社会事实?如果是一种社会事实,它有哪些表现?原因何在?现有的社会结构在形成这一社会事实的过程中起了什么样的作用?这一社会事实又会对我国处于变化中的社会结构产生怎样的影响?基于对上述问题的思考和兴趣,我选择对社会结构与高等教育分流这一主题进行研究。对某种社会现象的关注可能是选题的重要来源,但却不是选定研究主题的主要甚至唯一原因。如果我们说不是基于个人感受的选题是异己的问题,那么仅仅基于个人感受的问题则是私己的问题。一个好的选题必然既不是异己的问题,也不仅仅是私己的问题,而是基于研究者个体感受的一种公共议题。① 恰如赖特·米尔斯所说,"人们只有将个人的生活与社会的历史这两者放在一起认识,才能真正地理解它们"②。

第一节 研究缘起:问题的提出

一、直接动力:基于个人生活史的追问

作为一名从农村出来的学生,对教育尤其是高等教育在改变人的

---

① 吴康宁.教育研究应研究什么样的"问题"——兼谈"真"问题的判断标准[J].教育研究,2002(11).
② [美]C.赖特·米尔斯.社会学的想象力[M].陈强,张永强,译.第 2 版.北京:生活·读书·新知三联书店,2005:1.

生活方面的意义有着更为深刻的体认。我的父母都是地道的农民,没有读过书,但生活让他们认识到,只有上大学才可以成为城里人、吃上"国库粮",才不必像他们那样面朝黄土背朝天,从土地里刨食吃。正是因为这一朴素的认识,他们无怨无悔地奉献出了自己的全部来供我读书上学。在父母的坚定支持和自身的努力下,我读完了本科读硕士,读完硕士又读博士,终于可以有资格去吃父母十分看重的"国库粮"了,但到目前为止我仍然不能给父母任何的回报,这又不免让我对高等教育的意义产生怀疑,接受高等教育对我们的生活到底意味着什么呢?现在的高等教育还能带给我们地位的提升与生活的改变吗?接受高等教育还能够让我们更好地回报我们的父母吗?这些问题让我经常陷入沉思。

经过教育的层层筛选与分类,我小学时的二十几个玩伴分别被贴上了不同的标签,小学毕业生、初中毕业生、高中毕业生、专科生、本科生、研究生,随着学历标签的不断提升,相对应人数急剧减少,专科生、本科生和研究生都只有一名。既然我们相信教育能够改变命运,那为什么我的那些玩伴不去接受更高的教育呢?是他们不愿意?是他们不够聪明?抑或是其他原因?邻居的一句话或许道出了问题的根源所在:"不是我们的孩子不聪明,也不是我们的孩子不努力,只是我们在农村,没有钱给孩子提供更好的学习条件。"尽管邻居不会用社会结构这样的宏大话语来解释农村孩子不能上大学的原因,但却用通俗的语言表达了社会结构因素对农村儿童接受高等教育的制约。

自身接受教育的经历以及与儿时玩伴的比较,使我产生了对社会结构与高等教育分流之关系进行分析的冲动,而这也成了我开展本研究的直接动力。

二、学科追求:基于社会学观及教育社会学研究旨趣的选择

在我看来,社会学是一门通过"人群差异"的学科之眼①,运用比较的方法,去揭示具有不同社会特征和文化特征的人群之间社会层面的差异,尤其是可能造成社会不平等的等级差异的一门学科。也就是说,社会学作为一门学问,具有强烈的人文关怀意识,即站在弱者的立场研究不同人群之间的不平等现象。近年来的研究不断表明,高等教育领域是当前我国社会不平等的一个重要领域,因此也必然是教育研究者尤其是教育社会学研究者需要着力的地方,运用社会学的研究理路对高等教育领域中的不平等现象进行揭示与解释,并孕育改变不平等的希望,而且对身处高校中的我来说,高等教育是我相对来说比较熟悉且容易进入的一个田野,方便进行精细的研究。

在教育社会学的发展史上,曾经先后出现过两种不同的研究旨趣,即教育学的教育社会学(Educational Sociology)和社会学的教育社会学(Sociology of Education),这两种研究旨趣在我国当前的教育社会学研究中同时存在,并互有争论。由于历史和体制的原因,我国当前教育社会学的研究者多为教育学学者,因为受固有的教育学思维的影响,他们仍然坚持用教育学的研究理路来进行教育社会学研究,似乎持教育学的教育社会学研究旨趣者在人数与范围上占有优势;与此同时,一批受西方教育社会学尤其是新教育社会学影响的学者,更多坚持社会学的教育社会学研究旨趣,由于受到了严格的社会学的学术训练,其学术水平甚至学术影响力已经远远赶超了前者,并逐渐确立起在教育社会学研究中的主流地位,尽管在人数与范围方面还处于劣势。由于长

---

① "学科之眼"及社会学的学科之眼的论述详见:吴康宁主编《社会学视野中的教育丛书》之代序,该丛书由南京师范大学出版社 2005 年出版;吴康宁著《我国教育社会学的三十年发展:1979—2008》,发表于华东师范大学学报(教育科学版)2009 年第 2 期。

期受所在学校的教育社会学学术传统的熏陶与影响,我更倾向于持社会学的教育社会学研究旨趣,追求教育社会学研究的社会学意味。对于我这样一个教育社会学的学习者来说,要做到这一点并不是一件容易的事情,为了能够尽可能地接近这一学术研究的追求与旨趣,寻找一个社会学研究中的经典概念或论题来入手不失为一个恰当的选择,社会结构本身就是这样一个概念,而且这个概念包含社会分层与社会流动等与教育密切相关的论域。所以,社会结构与高等教育分流的关系问题就进入了我的研究视野,并成为我研究的选题。

三、现实基础:基于当前的社会结构变迁及高等教育扩张等现实的问题意识

开始于20世纪70年代末80年代初的社会改革,使中国社会经历了并将持续经历着全面而深刻的变化。这些变化中包含着两个深刻的变革:一是体制的转轨,即从高度集中的计划经济体制向社会主义市场经济转轨;二是社会结构的转型,即从农业、乡村、封闭半封闭的传统社会向工业、城镇、开放的现代社会转型。① 在社会结构的转型中,既包含了城乡结构的变动,也包含了社会阶层结构的变化,而社会阶层结构的变化又是最引人注目的。在社会阶层结构变化的研究过程中,学界普遍对截止于20世纪90年代中期的社会结构变化达成了共识,即随着市场化进程的加速,社会的流动性不断增强,社会结构的开放程度也较高。

但是,对20世纪90年代末之后的社会结构变化的趋势,不同学者则做出了不同的判断。孙立平认为中国社会的持续分化已经导致了一个断裂社会的出现,上层社会和底层社会的社会经济差距越拉越大,使

---

① 陆学艺.社会主义初级阶段的社会结构[M]//胡耀苏,陆学艺.中国经济开放与社会结构变迁.北京:社会科学文献出版社,1998.

社会的上层和底层成为相互隔绝的两部分。① 李路路等人与孙立平的观点基本相同,他们认为,当代中国社会,社会经济差异已经结构化,阶级阶层的边界已经形成且逐步稳定化,并将被不断延续下去②。与上述对社会流动性持悲观认识的两种观点不同,陆学艺则对社会流动持一种更加积极的观点,认为随着市场化的推进、工业化和城市化的发展,中国社会呈现出一种等级化的特征,其中白领职业迅速扩张,社会向上流动的机会大大增加。③ 而李强等人则认为,当前的社会分化是一种多元的、相互交叉的分化,传统的几大阶级阶层被分化成许许多多的小群体,这些小群体如同一个个的碎片,这些碎片并未显示出积聚为几大阶级或阶层的现象,顶多是出现了一些利益群体,这些利益群体之间不存在绝对的、不可逾越的分割界限。④ 李春玲则认为"断裂化""中产化""结构化""碎片化"现象在当前中国社会分化的过程中都有所表现,但是,当前社会经济分化的主流形态是多层分化的结构化趋势,即在分化形态上表现为多层分化,而在分化的趋势特征上则表现为结构化。⑤

尽管不同学者对当前中国社会结构的判断有所不同,但仍然具有一些共性,这些共性是在社会结构的变化中新出现的特点,是与以前的社会结构所不同的。我基本认同李春玲对当前中国社会结构的判断,即在分化形态上表现为多层分化,而在分化的趋势上则表现为结构化。

---

① 孙立平.失衡:断裂社会的运作逻辑[M].北京:社会科学文献出版社,2004.
② 李春玲.断裂与碎片——当代中国社会阶层分化实证分析[M].北京:社会科学文献出版社,2005.
③ 陆学艺.当代中国社会阶层研究报告[M].北京:社会科学文献出版社,2002;陆学艺.当代中国社会流动[M].北京:社会科学文献出版社,2004.
④ 李强.转型时期中国社会分层[M].沈阳:辽宁教育出版社,2004.
⑤ 李春玲.断裂与碎片——当代中国社会阶层分化实证分析[M].北京:社会科学文献出版社,2005.

与此同时，自20世纪末以来，中国高等教育开始了一个迅速扩张的进程，无论是高校数量、招生人数、在校生人数还是毕业生人数，都得到了疾速扩张。在高校规模方面，高校数量由1997年的1 020所增加到2007年的1 908所，增幅达87.06%。在高等学校招生规模方面，招生人数从1997年的100.04万人，增至2007年的565.92万人，规模翻了四倍还多；在高等学校在校生规模方面，高校在校生人数从1997年的317.44万人，增至2007年的1 884.90万人，11年间，增长了近五倍；在高等学校毕业生人数方面，由于高等教育扩招的延迟效应，高等学校毕业生人数从2000年左右才开始急剧增长，而且年增长幅度从最初的10万人迅速增加至70万人，至2007年，高校毕业生人数已经达到447.80万人，比1997年的82.91万人增长了440.1%。[①] 吊诡的是，高等教育规模的疾速扩张，尽管大大增加了高等教育的入学机会，但是人们对高等教育不公平的感受却越来越强烈，对高等教育的批评也越来越多，与之相伴随的大学生就业问题也成为社会广为关注的问题，2010年学者廉思主编的关于大学毕业生生活状况的《蚁族：大学毕业生聚居村实录》[②]一书在社会上引起了轰动。

这让我们不得不去进行反思与追问，在高等教育规模扩张的过程中，哪些群体是获益者？哪些群体从中获益良多，而哪些群体又从中无所获益或获益较少？高等教育的大规模扩张带来的社会后果对不同社会群体的意义是相同的吗？如果不同，哪些群体在其中受益，哪些群体又是其中的弱势呢？社会结构在其中起了什么作用呢？社会结构是如何影响不同社会群体在高等教育规模扩张中的利益的？其表现如何，机制是什么？面对社会结构对高等教育的制约，个体行动者真的无所

[①] 此处数据为笔者根据教育部公布的《中国教育年鉴》中的相关数据整理而得。
[②] 廉思.蚁族：大学毕业生聚居村实录[M].桂林：广西师范大学出版社，2010.

作为吗？如果是，如何解释当前高校中大量贫困生的存在？如果不是，个体行动者如何且在多大程度上能够突破社会结构的制约，从而通过高等教育达成自身社会地位的提升？同时，高等教育对不同社会群体的意义又对我们当前社会结构的形成和发展有什么影响呢？高等教育在什么意义上和多大程度上是促进社会流动的渠道，在多大程度上又成了社会结构再生产的工具？

这一系列问题，是促使我选择这一研究课题的现实基础。

四、研究反思：基于对我国社会结构与高等教育关系研究不足的认识

通过对既有研究的梳理，发现我国当前对高等教育与社会结构关系的研究还存在一定的不足（不足的具体表现见文献综述的最后一部分），在既有研究的基础上深化、推进，在一定程度上弥补既有研究的不足，是促使我选择这一研究主题的直接动力。

第二节 研究基础：文献回顾与评析

任何研究都是建立在前人研究成果基础之上的，脱离前人的成果进行研究，无异于在空中搭建楼阁。因此，全面回顾与评析前人的研究成果对我们研究的开展是十分必要的。

一、关于中西方的社会结构思想

有学者考察了中西社会结构思想的不同观点，认为自孔德以来，西方对社会结构的认识形成了两大传统。一是孔德的实证主义传统，它把社会结构视为客观存在的事实，社会结构是对社会上每一个人都发挥巨大作用的实体，迪尔凯姆提出的"社会事实"概念成为社会结构分析的基础,其"机械团结与有机团结""社会分化与整合"等思想对现代西方的社会结构思想产生了重要影响。第二个传统是个人主体心理感受的理解主义传统,它把社会结构视为主观抽象的结果,认为社会结构只不过是个名称,不是一种社会事实,是推测性的抽象,韦伯、腾尼斯、齐美尔等人的认识是其中的代表。①

在对西方社会结构思想进行分析之后,张乃和又总结了中国的社会结构思想。随着中国社会学的复兴和发展,对社会结构的认识主要有三种观点。一是从社会系统的整体出发研究社会结构,在这个意义上,社会结构包括自然环境、人口、经济、政治、文化等方面,亦即社会整体的结构。二是从社会关系出发研究社会结构,把社会划分为社会关系、社会形态、社会制度三个层次,并把社会结构视为社会形态的结构,它包括经济结构、上层建筑结构、阶级阶层结构、人口结构、民族结构、家庭结构、宗教结构等。三是从人与社会的关系出发研究社会结构,社会结构被视为"社会诸要素的关系及构成方式",它包括人口结构、人群组合结构、人们的活动位置结构和生活方式结构等。②

20世纪80年代末以来,中国社会史研究中关于社会结构的思想可以概括为四个方面:第一,从社会组织结构出发研究社会结构,阶级结构是阶级社会结构的主体;第二,从社会集团出发研究社会结构,在社会整体结构的基础上,把社会集团视为社会结构的重要内容;第三,从个人主体出发研究社会结构,把个人主体之间的交往视为社会结构的重要内容;第四,从社会生活出发研究社会结构,把社会结构视为社会生活各部分之间的稳定关系的总和,社会—阶级结构是一定历史阶

---

① 相关论述参考:张乃和.社会结构论纲[J].社会科学战线,2004(1);李强."丁字型"社会结构与"结构紧张"[J].社会学研究,2005(2).
② 张乃和.社会结构论纲[J].社会科学战线,2004(1).

段上的核心。①

二、关于我国现阶段社会结构的研究

关于我国现阶段社会结构的研究,我们可以从三个方面加以概括,即当前中国社会结构的形态研究、当前中国社会结构的性质研究和中国的社会分层与流动研究。

1. 中国社会结构形态研究

针对"中国现阶段社会结构形态是什么"这一问题,社会学界基本上形成了两种答案。一种是以陆学艺等人为代表的,他们认为中国当前的社会结构是一种金字塔形的社会结构。"中国现阶段的社会阶层结构……就结构形态而言,还只是一个中低层过大,中上层还没有壮大,最上层和底层都比较小的洋葱头形的阶层结构形态。"②第二种则认为中国现阶段的社会结构形态呈现"丁"字形,李强是这一观点的代表人物。李强采用国际社会经济地位指数的方法分析我国第五次人口普查的数据,发现中国现阶段社会结构形态既不是金字塔形,也不是橄榄形,而是"丁"字形。"它所反映出的基本社会结构比一般的金字塔结构还要差,可以说是丁字形的,即64.7%的人处在非常低的分值位置上,与其他群体形成了鲜明的分界,其他群体则像一个立柱,显示了巨大的差异性。"③

中国社会结构的发展方向是橄榄形结构。尽管两种观点对中国现阶段社会结构形态的认识有所差别,但都认为中国现阶段社会结构形态是不合理的,必须扩大中间社会阶层的规模,使中国社会结构形态向

---

① 张乃和.社会结构论纲[J].社会科学战线,2004(1).
② 陆学艺.中国社会结构的变化及发展趋势[J].云南民族大学学报(哲学社会科学版),2006(5).
③ 李强."丁字型"社会结构与"结构紧张"[J].社会学研究,2005(2).

合理的橄榄形结构发展。①

２．中国社会结构性质研究

中国社会结构的性质即当前中国社会的分化趋势,在当前的社会学研究中,基本上形成了五种观点。李春玲在《断裂与碎片——当代中国社会阶层分化实证分析》中,概括了其中的四种,并在此基础上提出了第五种观点。

第一种观点认为,当前中国社会结构的性质是"断裂化",中国社会是一个"断裂社会",该观点由孙立平等人提出。孙立平等人认为,自20世纪90年代以来,中国社会的持续分化已经导致了一个"断裂社会"的出现,其表现形态为:整个社会分裂为相互隔绝、差异明显的上层社会和底层社会两个部分,经济财富等各类社会资源越来越多地积聚于上层社会和少数精英手中,而弱势群体所能分享到的利益越来越少。上层社会和底层社会的社会经济差距越拉越大,使得社会上层和底层成为相互隔绝的两个部分。而且社会上层开始出现精英结盟的现象,社会生态持续恶化,上层寡头化、底层民粹化倾向明显。②

第二种观点认为,当前中国社会结构的性质是"中产化"。该观点由陆学艺等人提出,具体体现在陆学艺领导的"当代中国社会结构变迁"课题组所发表的一系列研究报告中。这一派观点认为,随着市场化的推进、工业化和城市化的发展,中国社会呈现出一种等级化的特征,其中白领职业迅速扩张,社会向上流动的机会大大增加,进而导致中间阶层日益发展壮大,社会底层和社会上层不断缩小,整个社会结构由金

---

① 相关论述参见:陆学艺.中国社会结构的变化及发展趋势[J].云南民族大学学报(哲学社会科学版),2006(5);李强."丁字型"社会结构与"结构紧张"[J].社会学研究,2005(2).

② 具体论述参见:孙立平.失衡:断裂社会的运作逻辑[M].北京:社会科学文献出版社,2004;李春玲.断裂与碎片——当代中国社会阶层分化实证分析[M].北京:社会科学文献出版社,2005.

字塔形向以中间阶层为主的椭圆形转变。①

第三种观点认为,当前中国社会结构的性质表现为"结构化",该观点由李路路等人提出。李路路借用吉登斯的"结构化"概念和布尔迪厄的"再生产"概念来分析中国当前的社会结构,认为当代中国社会经济差异已经结构化,阶级阶层的边界已经形成且逐步稳定化,并将被不断延续下去。孙立平尽管使用了"定型化"和"常规化"等不同于李路路的术语,却表达了同样的意思,即一个相对稳定、界限清晰的阶级结构已经出现。②

第四种观点认为,当前中国社会结构的性质表现为"碎片化",该观点由李强等人提出。李强等人认为,当前的社会分化是一种多元的、相互交叉的分化,传统的几大阶级阶层被分化成许许多多的小群体,这些小群体如同一个个的碎片,而这些碎片并未显示出积聚为几大阶级或阶层的现象,顶多是出现了一些利益群体,这些利益群体之间不存在绝对的、不可逾越的分割界限。③

第五种观点认为,当前中国社会结构的性质表现为"多层分化的结构化",该观点由李春玲等提出。李春玲对上述四种观点进行分析,并通过相应数据进行实证以后,认为"断裂化""中产化""结构化""碎片化"现象在当前中国社会分化的过程中都有所表现,但是,当前社会经济分化的主流形态是多层分化的结构化趋势,即在分化形态上表现为多层分化,而在分化的趋势特征上则表现为结构化。④

---

① 具体论述参见:陆学艺.当代中国社会阶层研究报告[M].北京:社会科学文献出版社,2002;陆学艺.当代中国社会流动[M].北京:社会科学文献出版社,2004.
② 具体论述参考:李春玲.断裂与碎片——当代中国社会阶层分化实证分析[M].北京:社会科学文献出版社,2005.
③ 具体论述参考:李春玲.断裂与碎片——当代中国社会阶层分化实证分析[M].北京:社会科学文献出版社,2005.
④ 李春玲.断裂与碎片——当代中国社会阶层分化实证分析[M].北京:社会科学文献出版社,2005.

高等教育在社会结构变化中能否产生作用及其作用的方式、途径、机制等都受制于社会结构的性质,即社会结构本身的开放性程度。"没有这个前提(社会结构本身的开放)的基本作用,大学是不可能对广泛的社会流动产生实际影响的。"① 上述对中国社会结构的认识,为我们思考与把握当前高等教育在中国社会结构变化中的作用奠定了理论基础。

3. 中国社会分层与流动研究

中国的社会分层与流动是社会学研究中的一个热点,近年来大量中外学者都致力于这方面的研究,也取得了丰硕的研究成果。而国外关于这一领域的研究是国内研究进行的理论基础,因此,首先了解国外的相关研究是必要的。

(1) 国外学者关于中国社会分层与流动的研究

国外学者关于中国社会分层与流动的研究主要集中在美国,而且多为研究中国的学者所进行,下面从三个方面来简单概括一下相关的研究成果。

其一,早期研究:关于计划经济体制下中国社会分层的研究。

对改革前中国社会分层的研究始于怀默霆(Mertin King Whyte),他于1975年发表的《中国的不平等与分层》一文是这一研究的开创之作。他利用发表于报刊上的二手资料,从阶级分化、结果不平等和机会不平等三个方面分析了新中国成立初期的分层体系。在阶级分化方面,他认为新中国成立初期采取的土地改革以及社会主义三大改造等政策成功地扭转了之前的阶层状况,使之前的社会上层地位大大降低;在结果不平等方面,他主要对城市经济收入的不平等状况进行了分析,认为尽管当时的工资制度保留了一定的差别,但这种差别相对苏东国

---

① 张斌贤,王晨.大学:社会分层与社会流动[M].北京:北京师范大学出版社,2007:序言.

家是比较小的;在机会不平等方面,他认为新中国在成立初期,比之1949年之前的中国和苏东国家是一个更为平等的社会。① 白威廉(William Parish)基本上持与怀默霆相似的观点,但他认为"文化大革命"将中国从一个革命后比较平均的社会结构推向了几乎是"非阶层化"的大平均主义的社会结构。②

确定社会地位指标是研究社会分层的基础。西方社会学者基于对美国社会的分析,普遍认同在市场经济中,职业是最为重要的社会地位,职业地位及其变动代表了所处的社会阶层及其社会流动情况。但林南和边燕杰通过对计划经济体制下中国社会分层的研究,发现在社会主义计划经济条件下研究地位获得过程应该着重研究"单位地位",而不仅仅是职业地位。③

关于新中国成立初期社会分层和社会流动的机制,魏昂德(Andrew Walder)认为社会主义精英群体包含管理者精英和专业化精英,但进入这两种精英群体的标准与后果方面既有相同点——高学历与职业的高声望,亦有不同点——前者还需要良好的政治素质并能得到较高的权威与客观的物质利益,而后者不要求政治资本,得到的权威和物质利益也较少。④

其二,中期研究:经济体制转变过程中中国社会分层体系发生变化的规律性问题之争。

---

① [美] 怀默霆.中国的社会不平等和社会分层[M]//[美] 边燕杰.市场转型与社会分层:美国社会学者分析中国.北京:生活·读书·新知三联书店,2002:3-34.
② [美] 白威廉.中国的平均化现象[M]//[美] 边燕杰.市场转型与社会分层:美国社会学者分析中国.北京:生活·读书·新知三联书店,2002:42-80.
③ [美] 林南,边燕杰.中国城市中的就业与地位获得过程[M]//[美] 边燕杰.市场转型与社会分层:美国社会学者分析中国.北京:生活·读书·新知三联书店,2002:83-113.
④ [美] 魏昂德.职位流动与政治秩序[M]//[美] 边燕杰.市场转型与社会分层:美国社会学者分析中国.北京:生活·读书·新知三联书店,2002:145-178.

该时期的研究始于 1989 年倪志伟发表的《市场转型理论：国家社会主义由再分配到市场》。由该文引发的争论一直持续到 20 世纪 90 年代中期，在 21 世纪初期又有所讨论。争论主要围绕中国社会由再分配经济向市场经济转变过程中中国社会分层体系发生变化的规律性问题而展开。

在《市场转型理论：国家社会主义由再分配到市场》一文中，倪志伟认为，在市场经济与再分配经济条件下，会产生两种截然不同的分层体系，市场导向的转型将改变以再分配经济为基础的、以权力为主导的社会分层秩序，市场转型将降低对政治权力的经济回报，而提高对人力资本的经济回报。[①] 1991 年，倪志伟对其理论进行了微调，认为由于中国正处在过渡阶段，再分配体制与市场体制同时起作用，所以政治权力不会一夜贬值，而在局部改革中仍然得到相当程度的经济回报。[②] 1996 年，他进一步修正了自己的理论，发现干部收入随市场改革的深化而上升，但认为这与其市场转型理论没有冲突，原因在于他所说的干部优势的丧失是相对的。[③]

围绕着市场转型论提出的假设，部分学者积极参与了论争。边燕杰和罗根（John Logan）基于来自天津的数据，发现再分配权力的收入回报是随着改革而提高的，政治权力的维系在再分配体制和市场体制中都有体现。[④] 而白威廉和麦谊生（Ethan Michelson）则突破了经济市

[①] ［美］倪志伟.市场转型理论：国家社会主义由再分配到市场[M]//［美］边燕杰.市场转型与社会分层：美国社会学者分析中国.北京：生活·读书·新知三联书店，2002：183-213.

[②] ［美］边燕杰，吴晓刚，李路路.社会分层与流动：国外学者对中国研究的新进展[M].北京：中国人民大学出版社，2008：导言.

[③] ［美］倪志伟.一个市场社会的崛起：中国社会分层机制的变化[M]//［美］边燕杰.市场转型与社会分层：美国社会学者分析中国.北京：生活·读书·新知三联书店，2002：217-256.

[④] ［美］边燕杰，罗根.市场转型与权力的维续：中国城市分层体系之分析[M]//［美］边燕杰.市场转型与社会分层：美国社会学者分析中国.北京：生活·读书·新知三联书店，2002：427-459.

场的樊篱,提出了政治市场的概念,作为理解市场转型论之争的突破口。① 魏昂德则提出了"政府即厂商"的观点,弥补了政治市场概念将政府排除在经济市场之外的缺憾。② 周雪光在评论市场转型论时指出,"将对某一种个人特征的经济回报归因于特定的分层制度机制是有问题的……还有很多具体的制度可能决定着政治资本或人力资本如何影响收入分配"。因此,对中国转型过程中社会分层的研究,"应该注重对具体制度的作用的分析,并依此理解社会不平等结构的变化"③。吴晓刚据此进行了尝试性分析,指出在劳动力市场还未发育完整、劳动力流动率还较低的情况下,市场改革对个人收入分配的影响主要是以工作单位作为中介机制的。④ 除此之外,谢宇和韩怡梅还向市场转型论关于教育回报的论断发起了挑战,他们的研究发现,在中国城市中对人力资本的回报并没有随着改革的推进而有所提升⑤。

其三,新近研究:关于中国社会分层与社会流动研究的新进展。

在新近研究中,关于社会分层的研究主要还是围绕中期研究中所探讨的主题而展开,是对中期研究的拓展与深化。倪志伟和曹洋继续对市场转型论进行了修正,提出社会秩序变迁存在连续性和非连续性,第一次明确承认了社会分层中存在着连续性的要素。对于一个不连续

---

① [美]白威廉,[美]麦谊生.政治与市场:双重转型[M]//[美]边燕杰,吴晓刚,李路路.社会分层与流动:国外学者对中国研究的新进展.北京:中国人民大学出版社,2008:553-573.
② 参见:[美]边燕杰.市场转型与社会分层:美国社会学者分析中国[M].北京:生活·读书·新知三联书店,2002:代序言.
③ 参见:[美]边燕杰,吴晓刚,李路路.社会分层与流动:国外学者对中国研究的新进展[M].北京:中国人民大学出版社,2008:导言.
④ [美]边燕杰,吴晓刚,李路路.社会分层与流动:国外学者对中国研究的新进展[M].北京:中国人民大学出版社,2008:导言.
⑤ [美]谢宇,韩怡梅.改革时期中国城市居民收入不平等与地区差异[M]//[美]边燕杰.市场转型与社会分层:美国社会学者分析中国.北京:生活·读书·新知三联书店,2002:460-504.

的转变来说,分层秩序在临界点来临之前是不会发生决定性变迁的。后社会主义社会分层秩序的路径依赖表现为连续性和非连续性的相互纠缠,这就解释了在以往的研究中,同样的数据中既有支持连续性变迁的证据,也有非连续性变迁证据的原因。① 这一观点有助于我们理解改革开放以来中国社会分层结构多样化的结果。

周雪光对倪志伟和曹洋的理论进行了质疑,认为市场转型只是国家社会主义转型的一个重要方面,除此之外还有其他层面,因此解释这一变迁的理论模式也不应囿于一种。为此,他提出了政治和经济同步演化的观点,认为政治和市场之间的相互作用是一个共同演化的过程:一方面新兴市场中的经济活动被政治所塑造,另一方面,国家也因非国有部门带来的税收增长而积极鼓励市场扩张。这种政治和经济的相互作用影响着中国的社会分层状况:市场进程增加了教育回报,在某种程度上改变了中国城市资源分配的渠道;同时,过去的制度又存有一定的联系性,比如说党员和干部身份以及单位级别的回报并没有显著变化。②

边燕杰和张展新在讨论时指出,市场化既是经济机制和产权的变化,也会引起国家职能和经济管理方式的转变,只有从两者互动的角度才能理解社会分层和收入分配。通过实证研究,他们发现市场—国家的互动确实影响了收入分配的格局。在中国的城市中,随着市场化程度的提高,其人力资本和政治资本都发生了增殖,而且经济部门的分

---

① [美]倪志伟,曹洋.后社会主义的不平等:其连续性和非连续性的原因[M]//[美]边燕杰,吴晓刚,李路路.社会分层与流动:国外学者对中国研究的新进展.北京:中国人民大学出版社,2008:33-61.
② [美]周雪光.中国城市的经济转型和收入不平等:来自时间序列数据的证据[M]//[美]边燕杰,吴晓刚,李路路.社会分层与流动:国外学者对中国研究的新进展.北京:中国人民大学出版社,2008:62-94.

割也加大了对收入分配的影响。①

谢宇和吴晓刚则更加关注制度变迁是如何影响劳动力在市场中的流动及社会后果的。针对教育的回报在市场部门比国有部门高这一观点,他们认为不同部门对教育的经济回报差异并不是由部门的制度性质决定的,而是由不同部门对劳动力性质的归类机制不同造成的。他们发现,只有那些从社会背景看进入市场可能性较小的人,在进入市场之后才会获得较高的回报,比如党员、干部、高学历者等。②

上述关于中国社会分层研究的新进展启示我们,在探讨中国社会分层时应考虑多方面因素,比如市场、国家、政府以及制度变迁等,中国社会分层的变化是一个较为复杂的过程。

在社会流动方面,新近的研究主要是围绕政治资本和教育在社会流动中的作用而展开的。魏昂德在中期研究中,曾经对进入管理者精英群体和专业精英群体的途径、标准及后果进行了分析。新近研究中,魏昂德、李博柏和特雷曼在此基础上又进行了推进,他们发现两条职业的路径差异十分明显,教育对进入管理者精英群体和专业精英群体的影响在不断增长,而党员身份对成为管理者精英的作用在减弱,在获取专业职位方面则没有影响。③

李博柏和魏昂德在上述研究的基础上,进一步分析了入党时间对个人生活机会的影响。他们发现入党早的人一般出身好的家庭,受过

---

① [美]边燕杰,张展新.市场化与收入分配:对1988年和1995年城市住户收入调查的分析[M]//[美]边燕杰,吴晓刚,李路路.社会分层与流动:国外学者对中国研究的新进展.北京:中国人民大学出版社,2008:110-118.

② [美]边燕杰,吴晓刚,李路路.社会分层与流动:国外学者对中国研究的新进展[M].北京:中国人民大学出版社,2008:导言.

③ [美]魏昂德,[美]李博柏,[美]特雷曼.国家社会主义制度下的政治与生活机遇:中国城市精英生成的二元职业路径(1949—1996)[M]//[美]边燕杰,吴晓刚,李路路.社会分层与流动:国外学者对中国研究的新进展.北京:中国人民大学出版社,2008:176-197.

高等教育的人则直到职业生涯后期才会被吸纳入党。在改革之前,入党较早者更有机会成为管理者精英中的一员,改革早期这一现象消失,改革后期这一现象又重新出现。吊诡的是,在行政领导岗位方面,通过成人教育获得大学学历的人比通过正规教育获得大学学历的人更容易被提拔。① 这一研究启示我们,在分析社会分层与流动中教育的作用时,必须置于特定的制度和历史背景下来考虑。

吴晓刚则对进入自雇职业的流动情况进行了研究,发现在进入自雇职业方面,城市和农村遵循着相反的模式:在城市中,教育阻碍了劳动力进入自雇职业,且党员和干部身份也大大减少了劳动力进入自雇职业的可能性;而在农村,教育则促进了劳动力进入自雇职业,党员和干部身份对劳动力进入自雇职业也没有影响。②

上述社会流动方面的研究进展对我们分析教育在社会流动中的作用具有一定的借鉴意义。

(2) 国内学者关于中国社会分层与流动的研究

国内学者关于社会分层与流动的研究,是在国外学者的影响下展开的,主要围绕两个问题来进行:一是关于社会分层标准的探讨,二是关于中国社会分层状况的实证研究。

从社会学对社会分层研究的历史来看,人们对社会分层标准的认识有两个理论传统:一是以马克思为代表的理论传统,即社会分层采取单一标准——生产资料的占有情况;二是以韦伯为代表的理论传统,即社会分层采取多维标准,韦伯认为社会分层应该以声望、财

---

① [美]李博柏,[美]魏昂德.政党庇护下职位升迁:通向中国管理精英的庇护性流动之路(1949—1996)[M]//[美]边燕杰,吴晓刚,李路路.社会分层与流动:国外学者对中国研究的新进展.北京:中国人民大学出版社,2008:200-227.

② 吴晓刚.干部和市场机会:中国进入自雇职业的模式(1978—1996)[M]//[美]边燕杰,吴晓刚,李路路.社会分层与流动:国外学者对中国研究的新进展.北京:中国人民大学出版社,2008:279-302.

富和权力为标准。在这两种理论传统的影响下,赖特和戈德索普又分别发展了两种理论,形成了新马克思主义和新韦伯主义两种理论。

李强概括了社会分层的十个标准。第一种是根据生产资料的占有或剥削与被剥削来划分社会分层群体,马克思、赖特是这一标准的代表;第二种是按照收入划分社会分层群体,低收入者构成社会的底层,中等收入者构成社会的中间层,而高收入者构成社会的上层,这种划分模式目前已被我国官方所采纳;第三种是按照市场地位划分社会阶层,韦伯是这种划分标准的代表;第四种是根据职业划分社会阶层,迪尔凯姆、彼得·布劳和邓肯,丹尼尔·贝尔等是这一划分标准的代表;第五种是根据政治权力划分社会阶层,达伦多夫、普兰察夫等是这一划分标准的代表;第六种是按照文化资源区分阶层,凡勃伦、布尔迪厄等是这一划分标准的代表;第七种是按照社会资源来进行社会阶层划分,沃纳、格兰诺维特等人的理论是其代表;第八种是根据社会声望资源来划分社会群体,这是一种主观分层模型,特雷曼等人的研究是典型;第九种是根据民权资源的分配来划分,英国社会学家马歇尔对民权资源的分配进行了详细的研究;第十种是根据人力资源或人力资本的分配来进行划分,以舒尔茨、科尔曼等人的研究为代表。①

而在当前中国社会分层研究中具有较大影响的"当代中国社会结构变迁"课题组,对社会分层进行的划分采取了一种综合性的标准,即"以职业分类为基础,以组织资源、经济资源和文化资源的占有状况为标准来划分社会阶层"②。

对当前中国社会分层状况的研究,按照李春玲的分析,根据其采用

---

① 李强.试析社会分层的十种标准[J].学海,2006(4).
② 陆学艺.当代中国社会阶层研究报告[M].北京:社会科学文献出版社,2002.

的划分标准不同,大致可以分为五类。

第一类是传统阶级阶层分类模式的延续。采取这种划分的研究主要包括如下几种。由李慎明主持的"我国目前社会阶级阶层结构研究"课题组提出的三大类十三小类的阶级阶层分类:三大类是指工人阶级、农民阶级和其他社会阶层,其中工人阶级包括职工阶层、干部阶层、专业技术人员阶层、国有集体企业经理阶层和士兵阶层;农民阶级包括农业专业大户、兼业农户、小耕农、集体农民和农村干部;其他社会阶层主要包括个体经营者阶层、非公有制企业经理阶层、私营企业主阶层。[①] 段若鹏等人在《中国现代化进程中的阶层结构变动研究》中提出"两阶级两阶层"分类模式:"两阶级"是指工人阶级和农民阶级,"两阶层"是指知识分子阶层和私营企业主阶层;其中工人阶级包括普通工人阶层、管理者阶层、公务员阶层、低收入职工阶层,农民阶级包括农业劳动者阶层、农民工阶层、雇工阶层、农民知识分子阶层、个体劳动者阶层、个体工商户阶层、私营企业主阶层、乡镇管理者阶层和农村管理者阶层。[②] 此外,阎志民、周罗庚等人提出的"两大阶级和若干新阶层"的分类模式也属此类。

第二类是以职业分类为基础的阶级阶层划分模式。采取这种划分的研究主要包括如下几种。陆学艺等人提出的十大阶层划分,这十大阶层为国家与社会管理者阶层,经理人员阶层,私营企业主阶层,专业技术人员阶层,办事人员阶层,个体工商户阶层,商业服务业员工阶层,产业工人阶层,农业劳动者阶层和城乡无业、失业、半失业者阶层。[③] 李路路对城市阶级阶层结构的分类为:党政机关、企事业单位负责人和

[①] 李春玲.断裂与碎片——当代中国社会阶层分化实证分析[M].北京:社会科学文献出版社,2005.
[②] 李春玲.断裂与碎片——当代中国社会阶层分化实证分析[M].北京:社会科学文献出版社,2005.
[③] 陆学艺.当代中国社会阶层研究报告[M].北京:社会科学文献出版社,2002.

中高层管理人员、专业技术人员、党政机关、企事业单位的一般管理人员和办事人员、体力劳动者和自雇者/个体户。① 朱光磊把当前社会阶层划分为蓝领工人、白领工人、知识分子、官员、失业者、退休职工、农业劳动者、乡镇企业职工、乡村干部及乡村知识分子、农民工、个体劳动者、私营企业主、企业经营者、军人和大学生。②

第三类为多元指标分层模式。采取这种分类模式进行划分的研究主要是：杨继绳以收入、声望和权力三维指标对中国社会阶层结构进行划分。其中上等阶层包括高级官员、国家银行及其他国有大型事业单位负责人、大公司经理、大中型私营企业主；中上阶层包括高级知识分子、中高层干部、中小型企业经理、中小型私营企业主、外资企业的白领雇员、国家垄断行业的职工；中等阶层包括专业技术人员、科研人员、律师、大中学教师、一般文艺工作者、一般新闻工作者、一般机关干部、企业中下层管理人员、个体工商业者；中下阶层包括工人、城乡两栖劳动者、农民；下等阶层包括城市下岗失业人员、农村困难户。③

第四类为利益群体分类模式。采取这种分类模式进行划分的研究主要有如下几种。张宛丽把现阶段的利益群体分为 20 个，即高级领导干部、中层干部、一般干部、专业知识分子、企业家、正式工、合同工、临时工、业主、城乡待（无）业者、军人、宗教职业者、城乡独立劳动者、农民工、乡镇企业工人、农村专业户、私人雇工、农民、游民、反社会利益群体。④ 顾杰善等人把社会成员分为工人、农民、知识分子、党政干部、企

---

① 李春玲.断裂与碎片——当代中国社会阶层分化实证分析[M].北京：社会科学文献出版社,2005.
② 李春玲.断裂与碎片——当代中国社会阶层分化实证分析[M].北京：社会科学文献出版社,2005.
③ 李春玲.断裂与碎片——当代中国社会阶层分化实证分析[M].北京：社会科学文献出版社,2005.
④ 李春玲.断裂与碎片——当代中国社会阶层分化实证分析[M].北京：社会科学文献出版社,2005.

业家、个体劳动者和私营企业主、军警、宗教职业者、城市失业者与游民、反社会群体等十大利益群体。① 李强根据改革以来人们利益获得和利益受损的状况,把中国人分为四个利益群体,即特殊获益者群体、普通获益者群体、利益相对受损群体和社会底层群体。其中特殊获益者群体包括民营企业家、各种老板、经理、工程承包人、经纪人、歌星、影星、球星、外企管理者、技术人员等;普通获益者群体包括知识分子、干部、一般的经营管理者、办事员、店员、工人、农民等;利益相对受损群体主要指城市下岗失业人员;社会底层群体主要指贫困人群。②

第五类为新马克思主义和新韦伯主义的尝试。李春玲分别采用赖特的新马克思主义和戈德索普的新韦伯主义尝试对中国社会阶层进行了划分,基于赖特的新马克思主义划分原则,把中国城镇社会阶级结构分为四个基本阶级、三个中间阶级和四个过渡阶级或亚阶级群体;基于戈德索普的新韦伯主义划分原则,归类出了 20 个社会经济群体和 10 个社会阶级。③

此外,关于中国社会分层与流动的研究中,还有对某一阶级或阶层进行的专门研究,比如以周晓红为代表的部分社会学学者对中产阶级的研究,以及对农民阶级和工人阶级的研究等,在此不做展开。

三、关于高等教育与社会结构关系的研究

高等教育与社会结构关系的研究主要集中于高等教育与社会分层和社会流动之间的关系,而高等教育与社会结构的关系是教育与社会

---

① 李春玲.断裂与碎片——当代中国社会阶层分化实证分析[M].北京:社会科学文献出版社,2005.
② 李强.转型时期中国社会分层[M].沈阳:辽宁教育出版社,2004.
③ 李春玲.断裂与碎片——当代中国社会阶层分化实证分析[M].北京:社会科学文献出版社,2005.

结构关系研究中的一部分,所以,在了解高等教育与社会结构关系的研究之前,有必要了解一下教育与社会结构之间关系的研究。

关于教育与社会分层和流动的关系,历来是教育社会学研究的一个主要课题。在相关的一系列研究中,有这样几个是值得我们关注的。第一个是布劳和邓肯的研究,他们提出了"地位获得模型",这一模型运用回归分析的方法,通过对受访者父亲的职业、父亲的受教育程度、受访者的教育、受访者的首次职业以及受访者的目前职业五个因素进行回归分析,得出了家庭因素与教育对个人地位获得的相关系数。而且,这一模型由于引入了受访者初职的数据,因此能够研究个人的职业流动和使用同批人分析方法来研究历史趋势。① 第二个是拉尔夫·特纳对社会流动模式的研究,他构建了两种理想的社会流动模式,即"赞助性流动"和"竞争性流动"。在赞助性流动中,英才的新成员由公认的英才或其代理人挑选,英才的地位是根据某些假定的德行标准而授予,它不可能靠努力或策略来获得;而在竞争性流动中,英才的地位是一种依据某些公平原则在公平竞争中获得的"奖品",竞争者在可运用的策略方面拥有广泛的自由。② 第三个是布尔迪厄的研究,布尔迪厄对教育与社会流动研究的贡献在于看到了文化方面的因素对代际流动的影响,并明确提出了"文化资本"理论,分析不同的文化资本对学生学业成就的影响,进而指出,教育实际上是把现有社会结构的不平等加以合法化并再生产出来,是社会不平等的"帮凶"。③ 这些研究在方法上和理

---

① [美]甘泽布姆,等.代际分层比较研究的三代及以后的发展[M]//清华大学社会学系.清华社会学评论(2002卷).北京:社会科学文献出版社,2003.

② [美]拉尔夫·特纳.赞助性流动与竞争性流动:教育使社会地位升迁的两种模式[M]//厉以贤.西方教育社会学文选.台北:五南图书出版公司,1993.

③ 参见:[法]P.布尔迪约,[法]J.-C.帕斯隆.再生产:一种教育系统理论的要点[M].北京:商务印书馆,2002;[法]P.布尔迪约,[法]J.-C.帕斯隆.继承人:大学生与文化[M].北京:商务印书馆,2002;[法]P.布尔迪厄.国家精英:名牌大学与群体精神[M].北京:商务印书馆,2004.

论上给我们的研究提供了很多启示。

接下来,我们从国外和国内两个角度对高等教育与社会关系的相关研究做一梳理。

1. 国外关于高等教育与社会结构关系的研究

林薇在《高等教育与社会分层、流动研究的历史回顾》一文中,根据数据收集方法、研究方法、研究问题三个方面,把国外高等教育与社会分层、流动的研究分为三个阶段。第一个阶段(20 世纪 20 年代至 40 年代)的特点是研究集中在美国,研究者调查了美国一些高中毕业生和学院、大学的学生情况,使用简单统计方法,对高等教育入学机会与社会分层、流动的关系进行研究。第二阶段("二战"后至 20 世纪七八十年代)是这一研究的成熟期,表现为相关研究的数量增多,集中研究欧美主要国家的情况;研究者使用不同数据分析方法,对高等教育与社会分层和流动关系的历史和现状都进行了比较深入的研究。第三阶段(20 世纪 80 年代至今)的特点是研究的范围从欧美主要国家转向其他国家,但在研究的方法和提出的问题上都没有根本的突破。[①] 下面,我们就根据这一思路,分别从研究范围、研究的问题、数据收集方法、研究方法和研究结论五个方面,对这三个阶段的研究做一概述。

(1) 第一阶段研究(20 世纪 20 年代至 40 年代)

在研究范围方面,这一阶段的研究主要集中在美国,研究者对美国的一些高中毕业生及公立和私立的初等学院、文理学院、教师学院和州立大学的学生情况展开了调查和研究。其中具有代表性的研究有波特霍夫对芝加哥大学新生的研究和格奇对 1 023 名高中毕业生进入大学情况的研究。

---

① 林薇.高等教育与社会分层、流动研究的历史回顾[M]//张斌贤,王晨.大学:社会分层与社会流动.北京:北京师范大学出版社,2007:232-271.

在研究的问题方面,这一阶段的研究围绕两个主题来进行:一个是美国社会各阶层接受高等教育的机会是否趋于平等的问题,另一个是如何解决高等教育入学机会不平等的问题。当时,美国高等教育正处于一个快速发展时期,入学人数增长很快,与之相伴的是高等教育向全社会开放思想的出现,在这种情况下关注高等教育入学机会是否平等及如何解决的问题就理所当然了。

在数据收集方法方面,这一阶段的研究一般是通过问卷以及学校和相关部门的统计来收集数据,数据主要关注的是学生父亲的职业情况、受教育程度和家庭收入情况。但在职业分类方面还没有统一的标准,只能简单地划分为白领阶层和蓝领阶层两类。

在研究方法方面,这一阶段的研究者主要是采用统计百分比的方法,即根据职业分类、家庭收入、父亲受教育程度、父亲是否在世、学生是否做兼职等特征来统计出身不同阶层的学生所占的比例。

在研究结论方面,这一阶段的研究得出的结论主要是对上述两个主要问题的回答,即在各类学校中,来自蓝领阶层的学生所占的比例都比较小,而白领阶层学生的比例较大,美国社会各阶层的高等教育机会是不平等的;高等教育入学机会直接取决于学生的社会经济背景;高等教育入学机会人数的增加并不意味着通过高等教育实现的社会流动在增长,而增加联邦政府资助以及奖学金是改善这种不平等的重要手段。

(2) 第二阶段研究("二战"后至20世纪七八十年代)

第二阶段是研究的成熟期,无论是研究的范围、研究的问题还是研究的方法都有所推进。

在研究范围方面,这一时期的研究从美国开始向其他欧美主要国家扩展。除美国继续推进相关的研究之外,英国在这一领域的研究得到较大发展,英国和美国成为这一研究的主要阵地。同时,德国、苏俄等主要的国家也开展了相关的研究。在这一时期的研究中,詹金斯和琼斯对剑桥大学学生的研究、哈尔西对牛津大学学生的研究,安德森和施纳佩尔对牛津大学和剑桥大学学生社会背景的研究、斯通对牛津大学学生的组成进行的研究、马修对格拉斯哥大学学生来源和职业的研究、马利根对美国《退伍军人权利法》颁布前后高等教育入学机会差异的研究、安杰洛对宾夕法尼亚大学和费城圣殿学院大学生的研究、简克斯和莱斯曼对美国高等教育与社会分层和流动关系的研究、克雷格对德国高等教育与社会分层和流动关系的研究、布劳尔对苏俄高等教育社会分层的研究、格林对20世纪30年代欧洲一些国家高等教育与社会分层和流动进行的比较研究是其中的代表。

  在研究的问题方面,这一阶段的研究在继续探讨第一阶段的两个主要问题的基础上,把研究的主题又推进了一步。在第二阶段前期的研究中,研究者关心的主要问题仍然是第一阶段遗留下来的问题,即随着工业化的进行,高等教育的入学机会是否趋于平等?而在后期研究中,研究者更加关注高等教育入学机会的影响因素和个人地位获得的影响因素,以及各种因素在个人地位获得中影响的大小等问题。同时,这一阶段的研究已经不仅仅局限于对该阶段某一所大学与社会分层和流动的实证研究,而且开始研究一定历史阶段中高等教育与社会分层和流动关系的变化情况,这一点在美国的研究中表现尤其明显。

  在数据收集方法方面,采取的主要方法是抽样调查法,但调查问卷所涉及的因素比第一阶段有所增多。第一阶段调查所涉及的因素基本上是学生父亲的职业,偶尔有研究会涉及学生的家庭收入、学生父亲的受教育水平等因素;而在第二阶段的研究中,研究者调查所涉及的因素已经增加到五至六个。在詹金斯和琼斯对18、19世纪剑桥大学学生社会阶级的研究中,调查涉及学生父亲的职业、学生本人的职业、就读中学、大学的学业记录及离校后的事业五个方面;在哈尔西对牛津大学男性学生的研究中,调查涉及的因素包括父亲的受教育程度、父亲的职业、受访者的教育、受访者的初职、受访者1972年的职业；而金洛奇和佩鲁齐的研究，不但涉及受访者的背景信息、教育经历、工作经历、目前的工作活动、职业活动和义务及成就定位、对教育和工作经历的评价等个人方面的信息，而且涉及公司的录用程序、培训项目等学校和公司组织制度方面的因素；安德森和施纳佩尔对牛津大学和剑桥大学学生社会背景的研究中，涉及的因素有所变化，包括职业、学位获得情况和其他高校（除牛津和剑桥之外的高校）三个因素；斯通的研究则主要涉及学生的社会背景、获得学位者所占比例、入学年龄和生源地分布四个因素；马修对格拉斯哥大学学生来源和职业的研究中，涉及的变量除父子职业以外，还加入了学生的地理分布情况；马利根的研究除涉及学生的社会背景以外，主要的一个变量是是否服过兵役，目的在于检测除经济因素之外的其他因素尤其是文化因素对高等教育获得的影响；安杰洛的研究涉及入学年龄、父亲职业、本人职业三个变量；而简克斯和莱斯曼的研究则主要涉及收费、考试和学生动机三个因素。通过对上面这一系列研究所涉及的因素的描述发现，这类研究所涉及的变量主要包括父亲的职业、父亲的受教育程度、本人的学业情况（学位获得情况）以及本人职业几个方面。

在研究方法方面，在这一研究阶段，所采用的方法主要包括两种：一是比较父子职业百分比的方法，二是路径分析法。比较父子职业百分比的方法主要是对职业流入和流出的百分比进行比较，这与第一阶段所采用的研究方法十分类似，詹金斯和琼斯的研究、安德森和施纳佩尔的研究、马修的研究、马利根的研究、克雷格的研究等采用的都是这种方法。而路径分析法主要是通过回归统计的分析方法，测量相关变量之间的相关性系数，以此来确定各因素对高等教育获得和个人地位获得的影响程度；哈尔西、简克斯和莱斯曼等人的研究采用的就是这一方法。

在研究结论方面,这一阶段的研究得出的结论主要包括:① 工业化过程会提高社会总体的代际流动率,并且逐渐增加获致性因素在社会分层中的重要性。② 从19世纪中期开始至20世纪上半期,来自受过教育的专门职业阶层、旧中产阶层和农民家庭的学生比例呈下降趋势,而来自实业阶层和新中产阶级家庭的学生比例明显上升。③ 家庭背景、教育及学业表现等都对职业代际流动有较大影响,而且几种因素是相互起作用的;代际间的流动过程,既是教育日益发挥支配作用的过程,也是先赋因素像教育一样竭力表现自己的过程。④ 尽管高校对更广泛的社会群体敞开了大门,但高等教育入学机会并未趋于平等,也很难说明通过高等教育来实现的社会流动增多了。从整个20世纪来看,大学对职业流动的促进是有限的,地位和职业继承的趋势很明显,所谓的教育机会平等为那些富人和既得利益者带来更多的利益,而使那些处于不利地位的人的遭遇变得更加不幸。

同时,研究者还对产生上述结果的原因进行了分析与解释:第一种从功能主义角度进行解释,即从高等教育社会需求的增加、收入增加和入学与就业市场波动等方面来解释;第二种则从冲突论的角度进行解释,强调非经济的文化因素,认为进入大学、获得相关文凭所带来的特殊身份和利益会吸引更多人入学,其中一部分人希望借此实现流动,而另一部分人则希望借此保持其受到威胁的地位;第三种则强调政府政策的影响和作用。除此之外,还有研究者认为低等阶级中有能力的高中毕业生不进入大学这一问题,不单纯是一个经济问题,而是一个文化问题,是由于低等级的文化阻碍了他们的教育发展,强调阶级文化的影响。

(3) 第三阶段研究(20世纪80年代至今)

经过了在欧美研究的进展,到20世纪80年代,这一研究领域开始从欧美主要国家向其他国家进行扩展。第三阶段的研究,在研究的主题、研究的方法以及收集数据资料的方法方面基本上沿用第二阶段的研究,新的进展与突破较少。贝内尔和恩库布对津巴布韦大学学生社会经济背景的实证研究以及广石小野对日本的研究是其中的典型。贝内尔和恩库布对津巴布韦大学 1980、1981、1985 和 1990 年的学生进行抽样调查,涉及学生的家庭住址、学生所读中学、父亲职业和收入、学生考试成绩四个变量,按每个变量分别统计了学生的比例。结果发现,尽管自 20 世纪 80 年代末,该校入学人数比独立前增加了 5 倍左右,但这些学生主要来自专门职业家庭,而不是低收入阶层,高等教育实际上是专门职业阶层群体再生产的主要途径。广石小野在日本的研究,通过把个人能力、社会来源和个人的受教育过程结合起来,分析它们对个人进入大学和通过大学教育来实现流动的影响,在此基础上提出了日本通过教育实现流动的"联赛模式"。这一模式设定了好几轮竞赛,中考、高考等都是其中的一轮,在每一轮竞赛中的失败者都退出了下一轮的竞争,社会出身对学生的竞争有重要的影响。

2. 国内关于高等教育与社会结构关系的研究

(1) 高等教育入学机会差异研究

既有的高等教育入学机会的差异研究,根据所采用的研究方法和研究内容可以分为实证研究和历史研究两类。

实证研究部分:

对高等教育与入学机会的差异研究,根据其研究的侧重点可以分为高等教育入学机会的阶层差异、地区差异(包括城乡差异)、性别差异三个方面的研究。

其一,关于高等教育入学机会的阶层差异。在这一方面的研究中,方跃林的研究是比较早的一篇。他抽样调查了福建省部分高校 1990 级 1 708 名大学生的社会构成,通过对学生性别、家庭居住地、父母职业、父母受教育程度、家庭经济状况五个因素的相关分析,发现在导致高等教育入学机会差异方面,父亲的文化程度和家庭居住地的影响要相对大一些,而这两种因素又与社会阶层化存在着明显的正相关。①

张玉林、刘保军利用已有的调查数据和自己采集的部分调查数据,分析了父亲职业阶层与高等教育机会、入读专业和录取分数之间的关系。通过相关的数据分析发现,在高等教育入学机会方面,1980 年干部、专业技术人员、工人和农民四个主要阶层子女获得高等教育机会之比为 37.5∶25.1∶5∶1,20 世纪 90 年代中期农民、工人、干部、企业管理人员和专业技术人员子女进入高等学校(专科层次除外)的可能性之比为 1∶2.5∶17.8∶12.8∶9.4;在入读专业方面,党政机关、企事业单位干部和专业技术人员的子女更多地进入了"热线学科",而农民和工人的子女在"热线学科"中的比例则明显偏低,在"基础学科"中则相反;在录取分数方面,相同专业中,干部子女的录取分数明显低于农民和工人子女的录取分数。②

厦门大学高等教育发展研究中心谢作栩领导的"高等教育大众化与缩小社会阶层高等教育差异的研究"课题组所做的一系列研究也值得我们重视。该课题组在研究这一问题时,引入了一个新的测量指标——高等教育入学机会的阶层辈出率,围绕着这一问题发表了一系列的成果。该课题组根据《当代中国社会阶层研究报告》中的十大阶层划分,通过对陕西、福建等十个省市 50 所高校学生家庭状况的调查,进行一系列数据处理和分析后,得出以下结论:① 目前各社会阶层子女在拥有多少以及拥有什么样的高等教育方面存在着差异,中上阶层社会子女比下层社会子女拥有更多的高等教育入学机会;② 各阶层子女

---

① 方跃林.社会阶层化与高等教育入学机会的差异性研究[D].厦门大学,1991.
② 张玉林,刘保军.中国的职业阶层与高等教育机会[J].北京师范大学学报(社会科学版),2005(3).

在不同类型高校中的入学机会存在一定差异,其中公办高职院校中各阶层子女的入学机会差异最小;③ 各阶层子女在不同科类中的入学机会存在一定的差异,高收入阶层子女大多选择一些较热门或较高收费的专业,而低收入阶层子女更多的是选择基础理论或收费较低的专业;④ 父母亲受教育程度不同的子女在入学机会方面存在显著差异,总体上来说,父母亲受教育程度越高,其子女的入学机会就越多。①

其二,关于高等教育入学机会的地区差异(包括城乡差异)。刘精明利用第五次全国人口普查0.95‰的数据,通过构建高等教育毛录取率指标,利用泰尔指数和基尼系数,分析证实随着高等教育机会总量的扩大,省际总体性不平等程度明显降低,但个别省份之间的两极分化也在加剧。② 蒋国河通过对天津和江西9所公立高校的调查发现,学校层次越高,城乡接受高等教育机会的差距越明显,在国家重点院校和收费较高的三本院校,农村生源比例极低;在财经类等就业前景较好的院校分布着较高比例的城镇生源,而在农林类和师范类高校中农村生源占较高比例;在大部分较有市场需求的学科或专业,城镇生源的比例较高,城乡比例严重失衡;农村女性接受高等教育的机会与城镇女性相比差距极为显著,农村生源中的性别不均衡问题仍然突出。③ 乔锦忠构建了一个反映高等教育入学机会城乡差异的指数E_{ur},即城市高中生

---

① 谢作栩,王伟宜.不同社会阶层子女高等教育入学机会差异的探讨——陕、闽、浙、沪部分高校调查[J].东南学术,2004(A1);谢作栩,王伟宜.社会阶层子女高等教育入学机会差异研究——从科类、专业角度谈起[J].大学教育科学,2005(4);谢作栩,王伟宜.高等教育大众化视野下我国社会各阶层子女高等教育入学机会差异的研究[J].教育学报,2006(2);郭涛,王伟宜.不同社会阶层子女高等教育机会差异研究[J].理论导刊,2007(7);王伟宜.不同社会阶层子女高等教育入学机会差异的研究[J].民办教育研究,2005(4).

② 刘精明.扩招时期高等教育机会的地区差异研究[J].北京大学教育评论,2007(4).

③ 蒋国河.当前我国高等教育入学机会的城乡差异——基于对江西、天津高校的实证调查分析[J].现代大学教育,2007(6).

高等教育入学机会与农村高中生高等教育入学机会的相对大小,通过相关数据测算,发现 2005 年城市高等教育的入学机会是农村的1.44 倍,城市高考录取率比农村高 5.46%。① 钟云华通过对湖南十所本专科院校 800 名应届毕业生调查所得数据和中国教育统计年鉴相关数据的分析,发现 1990 年到 2001 年扩招初期,城乡学生的高等教育入学机会都在增加,但城乡之间的数量差异程度也在不断扩大,并在 2001 年左右达到最高点,至 2005 年有缓解的趋势;农村学生更多在低层次学校、冷门专业就读,而城市学生则相反。②

其三,关于高等教育入学机会的性别差异。文东茅利用1998 年和 2003 年两次全国性高校毕业生调查数据,对女性高等教育入学机会进行了分析,得出以下结论:从学历层次看,在 1998 年,女性在本专科中的比例没有明显差别,但在 2003 年,女性在专科生中的比例高出在本科生的比例 10 个百分点;从学生家庭来源看,女性在城市中的生源比例较高,已经接近男性,而在县镇和农村生源中,尽管女性比例有所提高,但仍明显低于男性;从专业结构看,女性在文学、法学、经济学等学科门类中的比例较高,而在工学、农学等学科门类中比例较低。③ 杨倩利用谢作栩课题组的调查数据,分析发现:在总体入学机会方面,男女两性的入学机会仍然存在着差异,但不突出;从城乡角度来看,城镇家庭男生入学率是女生的 1.68 倍,农村家庭男生入学率是女生的 2.09 倍,城镇家庭女生的入学率高于农村家庭女生;从学校类型看,部属重点院校和民办本科院校的男女入学机会比分别为 1.56∶1 和 1.76∶1,公立高职高专为 0.67∶1;从学科门类看,女生在文学、历史学、法学、经

---

① 乔锦忠.高等教育入学机会的城乡差异[J].教育学报,2008(5).
② 钟云华.高等教育入学机会城乡差异分析[J].大学(研究与评价),2008(C1).
③ 文东茅.我国高等教育机会、学业及就业的性别比较[J].清华大学教育研究,2005(5).

济学等学科中比例高于男生,而在物理、力学、工程、计算机等学科中的比例则较低。①

历史研究部分:

在历史研究部分,包括两类研究,一类是实证性研究,一类是对政策文本的分析。

实证性研究有:刘精明采用 GSS2003 的数据,利用事件史的 Cox 比例风险模型对 1978—2003 年的高等教育入学机会差异进行了分析,发现社会阶层背景、本人职业位置、高中教育分流、城市等级、性别等因素对不同形式高等教育入学机会的影响存在着较大差异;自 1999 年扩招以来,优势阶层的教育投资趋向转向正规的大学本科,他们在本科教育方面的机会成倍扩大,受过良好教育的体力劳动者的子代在获得各类高等教育机会时均保持并继续扩大着较高的机会优势。② 除此之外,董美英以上海某重点大学为例分析了新中国成立以来不同历史时期重点高校大学生的来源情况③;张建新则对云南大学五十年不同社会阶层子女接受高等教育的机会进行了分析④;叶赋桂则对 1840—1922 年的高等教育与社会流动情况进行了分析⑤。

对政策文本的分析主要有:杜瑞军通过 1949 年以来普通高校招生政策文本分析了高等教育入学机会的分配标准,认为新中国成立初期的高校招生政策侧重的是"身份"与"能力","文革"时期的高校招生政策侧重的是"出身"与"表现",改革开放以后的高校招生政策侧重的是

---

① 杨倩.我国高等教育入学机会的性别差异研究[J].现代教育管理,2009(1).
② 刘精明.高等教育扩展与入学机会差异:1978—2003[J].社会,2006(3).
③ 董美英.教育机会均等视阈下重点高校大学生来源的历史研究:以上海某重点大学为例[D].华东师范大学,2009.
④ 张建新.高等教育公平的历史轨迹——云南大学近五十年不同社会阶层子女接受高等教育机会探析[J].清华大学教育研究,2008(6).
⑤ 叶赋桂.中国近代高等教育与社会流动:1840—1922[M]//张斌贤,王晨.大学:社会分层与社会流动.北京:北京师范大学出版社,2007.

"能力"与"实力"。① 谭敏、王志丰对我国改革开放以来高等教育入学机会分配政策进行了分析,认为改革开放以来高等教育入学机会分配政策可以分为五个时期,即公平取向重塑期(1978—1985 年)、稳步摸索期(1985—1993 年)、效率取向发展期(1993—1998 年)、矛盾调整期(1999—2006 年)和公平取向明晰期(2006 年至今)。②

(3) 既有研究的不足

从上面的概述中可以发现,我国在高等教育与社会结构关系的研究上还存在一系列的问题,具体说来,包括以下几个方面。

其一,尽管既有研究已经对高等教育入学机会的差异进行了较多的实证研究,但分析维度主要集中在阶层差异上,对地区差异和性别差异的分析仍然较少;同时上述研究绝大部分集中于目前我国高等教育入学机会的差异方面,对一定历史时期内高等教育入学机会的差异研究仍然较少,仅有的几例研究也只是对某一所高校的分析,不能反映整体的情况;最后,这些研究尽管揭示了我国当前高等教育入学机会的差异问题,但对导致这一问题的影响因素缺乏分析,尤其是对各因素在多大程度上产生影响以及通过什么途径和方式产生影响没有分析。

其二,关于高等教育对社会分层和流动影响的研究仍然较为薄弱,既没有实证研究,也缺乏系统的分析,尤其是没有对学生父母职业和大学生离校后的职业进行具体的统计分析,因此到目前高等教育对我国各阶层代际传递和流动的具体影响及其影响机制仍然不清楚。

---

① 杜瑞军.对我国高等教育入学机会分配的历史回顾——基于对 1949 年以来普通高校招生政策文本的分析[J].辽宁教育研究,2007(5).
② 谭敏,王志丰.改革开放以来我国高等教育入学机会分配政策回顾与思考[J].现代大学教育,2009(4).

其三，到目前为止的研究，仍然没有从理论上概括出高等教育与社会结构的关系，已有的研究不是侧重研究社会结构对高等教育入学机会的影响，就是侧重高等教育对社会结构的影响，对二者之间的关系缺乏综合性、概念化的阐释和表达。

其四，从实证研究方法上看，调查所涉及的因素大部分是父亲的职业及受教育水平、学生入读学校和专业，对其他因素如母亲职业、母亲的受教育水平、学生的学业表现及其在校获得的各种资本、学生的毕业去向等则较少涉及，而这些因素对分析高等教育与社会结构关系有重要意义。在统计方法的使用上，限于当前的教育研究水平，大部分研究者，尤其是教育学的研究者仍然是采用较为简单的统计百分比的方法，仅有刘精明等少数社会学研究者采用了较为复杂的事件史风险模型等高级统计方法。同时，关于这一方面的研究鲜有量化与质化方法结合使用的研究，不能够做到相互印证与解释。

第三节 研究框架：概念界定与研究内容

一、基本概念界定

概念界定是研究的基础，为了明确研究的对象，保证研究能够顺利进行，必须对概念进行清楚的界定。恰如科塞所言，"基本概念只是用以描述现实的某些相关的方面，并进而构成所研究的事物的定义（规定性）的工具"①。为了保证研究的科学和严谨，必须确定明确、有用的基本概念。

---

① ［美］路易斯·科塞.社会冲突的功能［M］.孙立平，等译.北京：华夏出版社，1989：前言.

1. 社会结构

社会结构是社会学理论和分析的核心概念之一。社会学发轫之初，社会结构本身就是社会学研究的一个重要内容；后来，社会结构被转化到"结构与行动"这样一对关系中继续研究。虽然已经有很多对社会结构的特征、意义、类型以及变迁的讨论，但是对社会结构这一概念本身的讨论却很少。事实上，许多研究者在使用社会结构这一概念时，往往是想当然的、不需要加以解释与说明的，这一做法导致的结果是，对社会结构这个词的确切意义没有共识性的认识，众多研究者对社会结构概念的使用是"异乎寻常的模糊和相异"[①]。

《牛津社会学简明词典》中，社会结构被定义为："一个被宽泛地用来指代某些社会行为循环发生模式的词语；或者更具体地说，是指社会系统或者社会的不同元素之间的组织有序地相互关联……但是，通常没有一个被大家所一致同意的意义，试图提供一个简明扼要定义的努力被证实是非常不成功的。"[②]

而在《柯林斯社会学词典》中，社会结构又被定义为："社会元素的一些相对持久的模式或者相互影响……一个特定社会里社会安排的或多或少的持久模式……尽管其普遍使用，但社会学中不存在关于社会结构的统一概念。"[③]

戴维·波普诺在《社会学》一书中，也把社会结构看作"一个群体或一个社会中各要素相互关联的方式"[④]。

[①] [英]杰西·洛佩兹,[英]约翰·斯科特.社会结构[M].允春喜,译.长春:吉林人民出版社,2007:1.
[②] 转引自:[英]杰西·洛佩兹,[英]约翰·斯科特.社会结构[M].允春喜,译.长春:吉林人民出版社,2007:2.
[③] 转引自:[英]杰西·洛佩兹,[英]约翰·斯科特.社会结构[M].允春喜,译.长春:吉林人民出版社,2007:2.
[④] [美]戴维·波普诺.社会学[M].李强,等译.北京:人民大学出版社,1999.

第一章　绪　论

苏联《应用社会学词典》认为："社会结构是社会系统各组成部分之间相对稳定联系的总和。""从广义上讲，它表明经济、政治、文化等社会生活各基本职能范畴之间稳定联系的总和，是社会组织和社会活动方式的有序排列的总和"；"从狭义上讲，社会结构这一术语是用来表明社会被划分为不同的社会集团和各集团之间稳定联系的体系，以及不同社会共同体的内部结构的"。"阶级结构是社会结构的核心"，"阶级结构是与职业技术等级结构紧密相关的"。①

通过上面的回顾，笔者发现尝试对社会结构这一概念本身做出界定是非常困难的事情，恰如《牛津社会学简明词典》中所言，"试图提供一个简明扼要定义的努力被证实是非常不成功的"。因此，在本文中，笔者避开了对社会结构本身概念的界定，而采取描述的方式使用这一概念，即组成社会结构的具体结构。关于社会结构的描述框架，不同学者提出了不同的观点。

洛佩兹和斯科特通过对社会学发展史上经典作家文本的分析，区分出了描述社会结构的三个层面，即制度结构、关系结构和具象结构，同时指出社会结构综合化模型也已经开始出现。②

亚历克斯·英克尔斯在《社会学是什么》中指出："社会结构分为分析的和具体的两种，所谓具体结构，指的是我们大家都熟悉的制度——家庭、法庭、工厂等。所谓分析结构，指的是在许多具体结构上社会方式的总和，社会依靠这些方式来实现货物的生产和分配、力量的控制和其他机能的需要。"③

陆学艺等在《社会结构的变迁》一书的导言中说："描述社会结构的

---

① 冯尔康.中国社会结构的演变[M].郑州：河南人民出版社，1994.
② [英]杰西·洛佩兹，[英]约翰·斯科特.社会结构[M].允春喜，译.长春：吉林人民出版社，2007.
③ 冯尔康.中国社会结构的演变[M].郑州：河南人民出版社，1994.

框架,每个学者角度不同,各有侧重。本书采用一个多层次结构,从人口结构、家庭结构、组织结构、群体结构、城乡结构和区域结构等方面做了分析。"①陆学艺等人已经把社会结构的框架在中国的情境中进行了操作化的界定。

杰西·洛佩兹和约翰·斯科特对社会结构的划分与亚历克斯·英克尔斯对社会结构的划分是从逻辑上、理论的角度来进行的;而陆学艺等人则把描述社会结构的框架在中国情境中进行了操作化的界定,显然,这一界定对我们关于社会结构的认识与使用是有借鉴意义的。

在本研究中,社会结构被操作化为地域结构、性别结构和阶层结构三类,即分别探讨地域结构、性别结构和阶层结构与高等教育之间的关系。

2. 高等教育

高等教育是一个看似清楚而又十分含混的概念。联合国教科文组织在非洲召开的 44 国高等教育会议上曾经对高等教育做出过界定:"高等教育是指大学、文学院、理工学院和师范学院等机构所提供的各种类型的教育,其基本入学条件为完全中等教育,一般入学年龄为 18 岁,学完课程后授予学位、文凭或证书,作为完成高等教育学业的证明。"②《实用教育大辞典》对高等教育的定义是:"高等教育是建立在中等教育基础上的各种专业教育。程度上一般分专修科、本科和研究生。教学的组织形式有全日制的和业余的,面授的和非面授的,学校形式的和非学校形式的,等等。"③胡建华等则把高等教育界定为:"高等教育是在完全中等教育基础之上进行的各种学术性、专业性教育。"④尽管

---

① 陆学艺,等.社会结构的变迁[M].北京:中国社会科学出版社,1997.
② 转引自:杨德广.高等教育学概论[M].上海:上海交通大学出版社,1991:26.
③ 王焕勋.实用教育大辞典[M].北京:北京师范大学出版社,1995:110.
④ 胡建华,陈列,周川,等.高等教育学新论[M].南京:江苏教育出版社,2006:5.

对高等教育概念的界定有所不同,但也有一定的共同点,比如都强调高等教育的入学条件,即在完全中等教育的基础之上,都强调高等教育专业教育的特性等;但也有不同之处,比如胡建华的定义更加强调高等教育学术性的特点。

高等教育有不同的形式、层次结构和类型。就高等教育的形式而言,"高等教育概念实际上包含全日制高等教育和业余高等教育两大类。全日制高等教育是高等教育的主要组成部分,体现着一个国家整体的高等教育水平与学术水平。业余高等教育即非全日制高等教育,是伴随着现代科学技术的迅速发展与人们日益高涨的接受高等教育的期望、要求而产生与发展的,在高等教育的大众化与普及化过程中发挥着重要的作用"[1]。就高等教育的层次结构而言,"高等教育内部按照水平可分研究生教育(硕士研究生教育和博士研究生教育两个层次)、大学本科教育、专科教育三个(或四个)层次"[2]。就高等教育的类型而言,则有普通高等教育、师范高等教育和职业高等教育之分。

在本研究中,高等教育被限定为:在高等教育形式方面指的是全日制高等教育,不包含业余高等教育;在高等教育的层次结构方面指的是本科阶段的高等教育,既不包括研究生阶段的教育,也不包括专科阶段的教育;在高等教育类型方面指的是普通本科高等教育和师范高等教育,不包括职业高等教育。

二、研究内容

本研究主要内容如下。

第一章:绪论,主要交代了选题的缘由、相关的文献基础以及研究

---

[1] 胡建华,陈列,周川,等.高等教育学新论[M].南京:江苏教育出版社,2006:6.
[2] 薛天祥.高等教育学[M].桂林:广西师范大学出版社,2001:78.

框架。

第二章:研究方法既是我们进行研究的工具,也是我们的研究内容。本章主要对研究方法的使用本身进行了探讨,并详细交代了本研究所运用的研究方法。这是后面各章的意义得以建立的基础。

第三章:在本章中,首先对影响高等教育分流的因素进行了分析,指出社会结构是影响高等教育分流的一个重要因素,进而通过实证资料分析了我国社会结构对高等教育分流流层结构的影响,在此基础上对社会结构影响高等教育分流流层结构的背景与因素进行了探讨。

第四章:在上一章考察了社会结构对高等教育分流流层结构的影响之后,本章接着考察社会结构对高等教育分流流向结构即学生专业选择的影响,分析了专业选择的社会意义,对社会结构影响高等教育分流流向结构情况进行了实证分析,在此基础上,对社会结构得以影响高等教育分流流向结构的因素进行了分析。

第五章:在高等教育大规模扩张和学历社会到来的背景下,横向学历的重要性日益凸显,而横向学历的差异正是高等教育分流的直接后果。通过分析横向学历对大学毕业生毕业去向的影响,探讨了高等教育分流的社会后果。

第六章:通过对出身于不同社会阶层的大学生的毕业去向进行分析,考察了不同社会阶层的高等教育获益问题,指出了获益不平等是其典型特征,并对各社会阶层高等教育获益不平等的原因进行了分析。

结语部分:在前面分析的基础上,简要探讨了高等教育在社会流动中的作用问题,指出社会结构对高等教育的影响是有限度的,而高等教育在社会流动中的作用也是有限度的。

第二章 研究方法的反思与选择

第二章　研究方法的反思与选择

用以研究社会和社会关系的所有方法，都被发现存在着局限。这些不足并不会让一位严肃的学者感到吃惊；相反，他/她应当将之视为对我们理解社会所做的持久努力的一种挑战。

——谢宇

研究方法在社会科学研究尤其是社会学研究中占据极其重要的地位，以至于有学者认为：“社会学中最明显也是后果最为严重的矛盾，是方法上的矛盾。社会学主要是根据不同的方法而分为不同的阵营。”① 对于方法的使用，可以分为两个层次，一是把方法作为一个客观的、定型的以供使用的工具，其目的是通过运用方法获得研究所需要的资料，研究过程对方法本身并没有什么影响；另一个层次是在使用方法的过程中，尽管也把方法作为一种获得研究资料的工具，但并不把研究方法看成一个客观的、已经定型化的工具，而是通过研究可以进一步发展。在研究过程中，研究方法本身也成了研究的内容之一，研究的过程也就是对方法进行反思与发展的过程。因此，在进入正文之前，对研究方法进行交代与反思，是我们必须进行的一个步骤，也是后面各章的意义得以建立的基础。美国社会学教授谢宇曾经指出：“做社会学有两种顺序，一种是先写方法，再写结果，最后再写结论；还有一种是先写结论，再写方法，最后写开头。”② 作为一项教育社会学的研究，本书倾向第一种方式，先交代研究的方法，再呈现研究的结果，最后分析得出结论，所以，在呈现研究结果之前，通过专门章节交代研究方法是必要的。

在社会科学研究方法传统之中，定量研究和定性研究是两个主要

---

① 谢宇.社会学方法与定量研究[M].北京：社会科学文献出版社，2006：5.
② 谢宇.社会学方法与定量研究[M].北京：社会科学文献出版社，2006：39.

的分支,定量研究随着实证主义的发展而兴起,并占据了社会科学研究的核心位置。而定性研究在20世纪70年代末期开始得到迅速发展,并向定量研究发起了挑战。到20世纪80年代初,一场围绕着研究范式和研究方法论的"战争"开始在美国等地拉开序幕,"对抗双方是以'定量研究'和'定性研究'树旗为营的……20世纪80年代末期,一场几乎波及整个西方世界包括亚洲的日本、印度、韩国等地在内的'战争'"①。随着20世纪末质化研究在国内的引进和兴起,这场"战争"在国内也得到了延续。在此,我们首先回顾定量研究和定性研究的兴起发展过程,进而对两者进行比较,并试图在对两者比较的基础上,做出适合本研究的理性选择,最后根据做出的选择,详细交代研究方法的使用过程及其反思,将其作为理解后续研究的基础。

第一节 量质之争:社会学争端在研究方法领域的表现

在社会学和教育社会学的发展过程中,定量研究和定性研究之争是社会学及教育社会学众多争论中持续时间较长、矛盾较为激烈的争论之一。本部分通过回顾定量研究和定性研究的兴起过程以及两者争论的展开过程,以期获得对定量研究与定性研究的准确认知。

一、定量研究的发展历程及其理论渊源

定量研究就本质内涵而言,"是一运用量表、问卷、结构观察等具体技术开展调查或实验,依据客观数据和统计分析进行理论检验,确立社

---

① 沃野.关于社会科学定量、定性研究的三个相关问题[J].学术研究,2005(4).

会现象之间的各种关系的严密完整的过程"①,侧重于理论验证、对发展趋势进行预测等。它具有数量性、客观性、科学性、严密性、概括性等特征,在社会科学研究中占有极其重要的位置。下面,我们就对定量研究的兴起与发展历程及其理论渊源进行简单的回顾,以期了解定量研究的发展脉络。

1. 定量研究的兴起及其发展历程

在人类的认识活动中,运用数字或符号描述事物及其现象的历史由来研究,确定事物的量的规定性是科学研究的重要内容和步骤之一,也是科学研究的基础方法之一。但是在17世纪以前,对事物量的研究还仅仅局限于自然科学领域。17世纪之后,定量研究开始逐渐打破自然科学研究传统,逐步渗透到社会研究领域。而这与西方历史上发生的两件大事是密不可分的:其一,爆发于法国进而席卷全欧洲的大革命,使得欧洲的政治、经济、社会、文化等各个方面都发生了革命性的变化,民主思想深入人心;其二,始于英国进而席卷法国及西欧的工业革命,激发了自然科学的迅猛发展,进而导致了社会科学中自然主义的兴起,对科学的内容和形式给予了更多的重视。社会的变迁及科学的发展一方面使得宗教和神学的权威逐渐式微,另一方面也使得许多自然主义的科学家开始关心社会问题,进而促成了社会科学研究中的自然科学化。②

受上述历史事件的影响,17世纪下半叶开始,欧洲的一些思想家和政治家开始意识到社会现象定量研究的重要性,他们认为,要进行有效的社会管理与社会改良,就必须对社会现象进行定量研究。其中比较有代表性的是英国政治经济学家威廉·配第,他在其《政治算术》一

---

① 陈雯.对垒抑或统一:社会科学研究中质与量的方法选择[J].调研世界,2009(8).
② 梁丽萍.量化研究与质化研究——社会科学研究方法的歧异与整合[J].山西高等学校社会科学学报,2004(1).

书中把统计分组法、统计推算法、图表法等定量方法与平均数、相对数等统计指标及量数应用于分析英国社会经济发展状况,这对社会现象定量研究在后来的兴起和发展具有奠基性的作用。

到18世纪,随着统计学的发展,统计性社会调查开始得到较大发展,对社会现象的定量研究进一步展开。其中有代表性的研究是英国约翰·辛克莱的统计社会调查,他运用自己编制的包含116个项目的调查表,对881个教区进行了统计性社会调查,编写出版了21卷本的《苏格兰统计报告》。这是世界上人口普查的先例,也是社会现象定量研究的一个典型范例。

进入19世纪,随着概率论的发展及其与统计学的结合,社会现象的定量研究取得了长足进步。1830年左右,数理统计的奠基人、被称作"经验社会学之父"的比利时学者凯特勒把概率论引入统计学之中,并将其运用于对社会现象的定量研究之中,对犯罪、自杀、婚姻等社会现象进行了统计分析和定量研究。与之相呼应,社会学定量研究的鼻祖之一、实证主义方法论的代表人物——法国社会学家埃米尔·迪尔凯姆出版了《自杀论》一书,其中特别强调对社会现象的定量研究,对在社会学研究中运用统计方法做出高度评价,并通过对自杀的研究为如何利用统计分析和定量研究构建社会学理论提供了范例。

20世纪以后,定量研究进入了一个新的发展阶段,甚至一度成为社会科学研究的主流范式。在这一阶段,统计方法的发展与完善极大地促进了定量研究在社会科学研究领域的发展。罗纳德·费希尔创立的抽样理论、乔治·盖普洛推动的定额抽样方法、斯托夫等人的统计调查模式等新调查方法的出现,极大地促进了社会现象定量研究的发展。在20世纪40年代至70年代期间,抽样调查的推广、社会计量法的出现、试验方法的引入、计算机技术的运用、多变量统计分析和统计检验的普及等社会调查和统计方法的进展,为社会现象定量研究的应用和发展提供了完善、有利的条件,社会现象的定量研究取得了巨大的发展,并一度成为社会科学研究的主流范式。至此,定量研究确立了其在社会科学研究中的位置。伴随于定量研究在社会科学研究中确立其强势地位的过程之中,定性研究在定量研究发展的高峰期向定量研究发起了巨大的挑战。

2. 定量研究的理论渊源

毫无疑问,定量研究的理论基础是哲学与社会科学中逐渐兴起并迅速发展的实证主义,实证主义是定量研究的理论基石。在作为方法论的定量研究的孕育与发展过程中,孔德的实证主义学说及其方法论思想、逻辑实证主义以及美国的实用实证主义起到了决定性的作用,为其孕育与发展提供了充足的"养分"。①

作为"实证主义社会学的助产婆"②,孔德对实证主义进行了详细的分析。在其看来,"我们所有的思辨,无论是个人的还是群体的,都不可避免地先后经历三个不同的理论阶段③",即神学阶段或虚构阶段、形而上学阶段或抽象阶段、科学的或实证的阶段。其中,13世纪以前是神学阶段,人类坚信超自然的力量是万事万物之源;13—18世纪为形而上学阶段,人类强调诸如大自然之类的抽象力量为万事万物之基;18世纪之后为科学的实证阶段,人们放弃对宇宙起源等终极现象的追求,开始观察自然现象或社会现象,并希望通过观察获得支配各种现象的内在规律。由此可见,孔德认为,人类认识的根本目的在于对科学的追求,而对科学的追求必须坚持实证的方法,自然科学如此,社会科学亦是如此。由于受启蒙思想的影响,他坚持认为社会是自然的一部分,是按照一定

---

① 沃野.关于社会科学定量、定性研究的三个相关问题[J].学术研究,2005(4).
② 周晓虹.西方社会学历史与体系 第一卷 经典贡献[M].上海:上海人民出版社,2002:35.
③ [法]奥古斯特·孔德.论实证精神[M].黄建华,译.北京:商务印书馆,1996:1.

的自然法则进化的,因而社会知识的获得也必须通过自然科学所普遍使用的经验手段去获得。而这被沃野看作定量研究最关键的基石。①

逻辑实证主义为定量研究的"客观性"提供了理论基础。最初,逻辑实证主义认为经验是知识的唯一源泉,经验源自于人类个体的感官,因此具有明显的主观性和"唯我主义"的倾向,故遭到众多反对。为了克服其缺陷,纽拉特和卡尔纳普发展出了物理主义,对方法论产生了较大影响。物理主义最基本的准则是"科学语言应以物理语言为基础"②,而"物理语言的基本属性不是由个人经验所得和由个人而产生的,它是一种'个人—集体'性质的产物"③。从而在认识论上由最初的"唯我主义"转向了"主观共融",这一转变使逻辑实证主义在本体论上迈向了实在主义,这为定量研究的"客观性"奠定了理论基础。

受美国实用主义传统的影响,大量的美国社会科学的研究者在电子信息科学发展的影响下,纷纷致力于如何把孔德的实证主义和逻辑实证主义关于科学方法论的理论要素运用于实践,极大地促进了定量研究的诞生与快速发展。

正是在上述三种"养分"的滋养下,作为方法论的定量研究得以成型并取得了巨大的发展和成就。

二、定性研究的回归及其对定量研究的挑战

定性研究就其本质而言,"就是运用参与观察、深度访谈等具体方法开展实地研究,依据语言文字描述进行理论建构,进而达到深入挖掘剖析、理解社会现象的逻辑过程"④。侧重于描述和解释,这是与定量

---

① 沃野.关于社会科学定量、定性研究的三个相关问题[J].学术研究,2005(4).
② 沃野.关于社会科学定量、定性研究的三个相关问题[J].学术研究,2005(4).
③ 沃野.关于社会科学定量、定性研究的三个相关问题[J].学术研究,2005(4).
④ 陈雯.对垒抑或统一:社会科学研究中质与量的方法选择[J].调研世界,2009(8).

研究大为不同的。

对社会现象进行定性研究,比对社会现象的定量研究要早得多,它在对社会现象的解释和社会科学的研究视角中"从来都不是一个陌生的字眼",甚至"始终都是一种强有力的解释工具和研究方法"①。当17世纪后半叶定量研究兴起并得到迅速发展之后,对社会现象的定性研究一度处于劣势之中,甚至在定量研究占主流的20世纪40年代至70年代期间,一度受到冷落。当20世纪70年代定量研究达到顶峰之后,其自身难以克服的缺陷和不足日益暴露,定性研究才又重新回归社会科学研究的主流领域,并向定量研究发起了强劲的挑战。

1. 定性研究的回归及其理论渊源

定性研究的回归,亦即现代意义上的定性研究,发起于20世纪二三十年代,其兴起有着人类学、民俗学、社会学、心理学、管理学、传播学等广泛的学科背景。

在文化人类学方面,功能学派的鼻祖马林诺夫斯基开创的"田野研究"是定性研究的重要渊源之一。马林诺夫斯基在对特罗布里恩德岛居民的田野研究中,确立了现代人类学田野研究的基本规范,采用深度访谈和参与观察的方法对当地居民进行研究,并先后出版《西太平洋的航海者》《安达曼岛人》等研究成果。与此同时及其后,又有许多人类学家运用田野研究的方法进行了民族志的研究,比如弗朗兹·波亚士的《原始人的心理》,这是美国最早的民族志,其弟子本尼迪克特的《文化模式》、玛格丽特·米德的《萨摩亚人的成年》等都是这一时期的典型代表。田野研究对于定性研究的意义在于:其发展出来的深度访谈、参与式观察等方法成了以后定性研究收集资料的基本途径,而其"深描"的

---

① 陈雯.对垒抑或统一:社会科学研究中质与量的方法选择[J].调研世界,2009(8).

分析与写作风格也对定性研究的写作模式产生了重要的影响。

在社会学方面,芝加哥学派和常人方法学对定性研究的兴起具有较大意义。芝加哥学派是20世纪二三十年代兴起的一个社会学流派,其深入农村、城市、社区等开展了广泛而深入的社会调查。其中,比较有代表性的有:W.L.托马斯和F.兹纳涅茨基的《身处欧美的波兰农民》,是生活史研究的典范;罗伯特·帕克则把访谈调查的方法引入了城市社会生活的研究;威廉·怀特在《街角社会》的研究中,发展出了现场参与观察的方法,并将其运用到工业社会学等方面的研究。芝加哥学派在发展的过程中,逐渐发展出了生活史、自传、个案研究、非结构式访谈、现场参与式观察等方法,为定性研究积累了宝贵的技术方法。社会学传统中对定性研究有较大影响的是加芬克尔发展起来的常人方法学。常人方法学对定性研究的意义表现在:一方面强调日常生活中行动者的意义,另一方面其发展起来的"无背景实验""谈话分析""工作研究"等具体方法也丰富了定性研究的具体操作方法。

在心理学方面,冯特在"民族心灵"的研究中所使用的历史文化产品分析法实际上就是后来定性研究中文本分析法及民族志方法的综合运用;布伦塔特开创的现象学心理学研究是后来现象学方法的雏形;而精神分析学派的研究与理论则既拓展了深度访谈的技术,又指出了阐释与解释的意义;勒温开创的行动研究又逐渐发展为参与式行动研究,这都为定性研究的发展提供了丰富的资源。

此外,定性研究包含着复杂的理论渊源,其在发展过程中深受现象学、解释主义和批评理论等的影响,"强调对事物的调查研究,再现当事人的视角以及他们看待世界和描述世界的方式,找到对他们来说具有意义的'本土概念',然后在这一基础上建立'扎根理论'"[①]。

---

① 陈向明.社会科学中的定性研究方法[J].中国社会科学,1996(6).

由上可见,定性研究不是来自一个学科、来自一种理论或一个研究传统,而是一种涵盖多门学科、多种理论和多个研究传统、内涵特征较为复杂的研究方法。

早期的定性研究是从调查社会中的实际问题尤其是调查社会的阴暗面开始的,因而定性研究从一开始就处于次要的、从属的、边缘的地位。经过了诞生初期的发展和中期被定量研究的压制,在20世纪70年代之后,伴随着与定量研究的论战又得以回归和复兴,尽管当时定量研究仍然占据着主流的位置,但"定性研究不再是被看作一种'修饰的花边了'"[①]。

2. 定性研究对定量研究的挑战及其回应

本章的开篇曾经提到,在20世纪80年代初,一场"定量研究"与"定性研究"的"派别之争"[②]在美国展开,并迅速扩展到世界其他国家,成为一场运动。由于我国社会学自重建之初就深受西方尤其是美国社会学界的影响,因此,这场争论也迅速扩展到我国的社会科学界,在我国的社会科学界掀起了一场争鸣。

从西方来看,自20世纪70年代末期开始以来,定量研究和定性研究的论战大致经历了三个时期。第一个时期为攻讦期,定量研究和定性研究站在各自的立场上,向对方发起严厉的批评与责难;第二个时期为低荡期,双方不再坚持非此即彼的立场,开始探讨尝试与对方和平共处;第三个时期为辩论或对话期,研究者们认为尽管合作与分享固然很好,但仍然不能忽视两者在范式意义上的根本差异。[③]

---

① 瞿葆奎.教育学文集·教育学方法[M].北京:人民教育出版社,1988.
② Gage将社会科学中的"定量研究"与"定性研究"的论战称作为"派别之争",转引自:陈雯.对垒抑或统一:社会科学研究中质与量的方法选择[J].调研世界,2009(8).
③ 江净帆.论质化研究与量化研究的整合[J].社科纵横,2009(8).

20世纪90年代中期,定性研究开始被引入我国①并迅速扩展到了教育学、社会学、心理学、法学等学科,一时成为研究方法界的时尚。伴随着定性研究在国内的兴起,西方社会科学界的定量研究和定性研究的论战也在我国社会科学界上演,到目前为止,基本上经历了论战的前两个阶段,并有向第三个阶段过渡的前兆。定性研究初引入国内之时,一方面是通过不断地介绍与完善自己而展开,另一方面则通过不断地对定量研究发起挑战来论证自身存在的合理性与合法性。

在论战期,有几篇文章是值得注意的。加拿大学者熊秉纯于2001年在《社会学研究》第5期上发表的《质性研究方法刍议:来自社会性别视角的探索》一文,是对定量研究进行批判较为典型的一篇,她在对社会学重建以来的发展进行反思时提出了五个问题,其中三个是针对量化研究进行的批判。其一,她认为西方以实证主义为基础的定量研究方法的引进导致在中国社会学界卷起了一股"问卷热",但却缺乏对运用问卷调查所得数据进行社会研究的局限性的认识与讨论,同时对问卷使用的规范性较差的问题也讨论较少,"只是不断地以口耳相传的方式在学术圈子里流传着",由此,她指出把西方设计的问卷运用于中国会出现削足适履的可能及指鹿为马的问题。其二,她严重质疑定量研究所倡导与遵循的"客观性""普遍性""代表性"问题,指责以"客观性""普遍性""代表性"自称的定量研究成了对所有研究成果生杀、褒贬的唯一标准。她强烈质疑定量研究强调的"客观性"存在的真实性,追问定量研究强调"普遍性"背后的权力关系,进而指出通过强调"客观性"

---

① 一般认为,陈向明于1996年在《教育研究与实验》上发表的《王小刚为什么不上学了——一个辍学生的个案》是教育界首次使用质的研究方法;其后续陆续发表的《社会科学中的定性研究方法》(《中国社会科学》1996年6期)、《质的研究中的"局内人"与"局外人"》(《社会学研究》1997年6期)等文章以及专著《质的研究方法与社会科学研究》被看作定性研究在国内社会科学界兴起的标志。

和"普遍性"建立"科学性"的模式是以自然科学为标准的模式,社会科学没有可能也没有必要生搬硬套。其三,她指出定量研究所采用的演绎法的研究论证步骤,由于把既存的理论当作研究的开端,因而会受到既存知识范畴的规限,从而限制了那些原来那些没有进入既存知识范畴的或非主流的议题、社会现象及人生问题等进入知识范畴之内,影响了知识的累进。[①] 在作者提出的三点批判中,第一点主要不是定量研究本身的问题,而是对定量研究使用规范性的问题,而第二点和第三点则直接指向了定量研究自身的缺陷与不足。

针对定性研究者对定量研究缺陷和不足的批评,有定量研究者在承认这些不足与缺陷的同时,仍然坚持与肯定定量研究,并赋予其极高的价值。谢宇就曾坚称,"尽管带有自身的缺陷、局限和不完善,定量方法依然是理解社会及其变迁的最佳途径",内省、个人体验、观察和知觉等也确实能增进我们的理解,可是"它们只能够起到补充作用,但不应取代定量方法成为当代社会学的核心"。[②]

在持定性研究取向的学者质疑定量研究的缺陷与不足之时,有学者也对定性研究进行了强烈的质疑。侯龙龙通过分析陈向明等人的一项定性研究《综合大学理科人才素质与课程体系研究》质疑:"为什么一篇运用科学方法(质的研究方法)所作的学术研究论文,得出的结果却同大众的常识差不多,仅停留在常识性、思辨性的层次上?""为什么整个研究结果看起来与一般的新闻采访无异?"作者认为其中的原因在于在运用"文化主位"与"文化客位"建构"扎根理论"时,过于强调了"文化主位"的视角,而忽视了"文化主位"视角的限度。[③] 有的从事定量研究

[①] [加] 熊秉纯.质性研究方法刍议:来自社会性别视角的探索[J].社会学研究,2001(5).
[②] 谢宇.社会学方法与定量研究[M].北京:社会科学文献出版社,2006:7-8.
[③] 侯龙龙.质的研究还是新闻采访——同陈向明博士等商榷[J].社会学研究,2001(1).

的学者也针对定性研究的缺陷与不足发起了责难,并对定性研究的质疑进行了回应,"我们强调定量分析研究方法是因为定性分析归根结底在描述变异的现象时是不可靠的,原因在于你不知道你的个案是不是有代表性"①。如果研究的总体较大,则总体中必然包含各种各样的人,选择的个案很难确定能否代表总体。而如果个案不具有代表性,则由此个案所归纳推演出来的理论就不具备可信性,甚至可能发生错误,其推广度也值得怀疑。由此,个案的代表性以及由此带来的信度问题和推广度问题始终是定性研究无法超越的问题,针对此问题,定性研究者要么直接否认信度问题,恰如陈向明所言,"目前,定性研究者基本上达成了一个共识,即在定性研究中不讨论信度问题";而针对推广度问题,定性研究者则辩解说定量研究的随机抽样也不一定能保证其研究结果的代表性,而且定性研究主要是"通过认同而达到推广",通过处于类似情形中的人和事的认同而获得推广。②

在论战的基础上,有些学者也开始尝试探求把二者结合起来的可能性。那么,二者是否能够融合呢？如果可以,是在什么意义上的融合？融合的方式又有哪些？

第二节　量质融合:基于对量质之争理性认识的必然选择

一、定量研究与定性研究融合的可能性及其限度

对于定量研究与定性研究能否融合的探讨基本上可以分为两种不

---

① 谢宇.社会学方法与定量研究[M].北京:社会科学文献出版社,2006:21.
② 陈向明.社会科学中的定性研究方法[J].中国社会科学,1996(6).

同的主张,一种主张不能融合,一种主张可以融合。

在主张不可以融合者看来,不同的研究范式之间具有不相容性,两个竞争的范式之间无法发现一个共同的基础,故他们更加强调定量研究和定性研究在研究范式上的本质性差异,认为定量研究和定性研究的融合会忽略两个范式的不相容性。但是,他们又强调二者的不相容性仅仅局限于范式或方法论层面,而在具体的研究方法或操作技术层面则是可以融合的。比如,该派学者史密斯(Smith)与赫舒修斯(Heshusius)区分了"视方法为技术程序"与"视方法为证明逻辑"的不同,认为定量与定性研究在技术层次并用是可行的,但在"证明逻辑层次"存在着主要差异,在哲学假定上存在着差异,在效度、信度、推广度等方面也难以达成共识。① 我国学者卜卫持基本相似的观点,他从"当提定性与定量相结合时,'定性'是指什么""定性与定量的结合对所有研究都是必要的吗""在一项研究里,定性与定量的结合是可能的吗"三个方面进行分析,对"一项研究应该做到定量与定性相结合"的提法进行了质疑,并得出了两者在方法论层面即研究设计层面上的"结合"是不可能的,而在方法层面上的"结合"则是可以实现的结论,而且强调二者的结合并不一定要平分秋色或简单相加,而是体现在研究步骤之中。②

持可以融合观点者则认为,应该采取更为实用的态度,超越两者的争论,汲取两者的优势,以达到对社会事实多维度、多层次、丰富性的理解。在他们看来,定量研究和定性研究都是用经验观察来解决研究问题,两者在调查目标、领域和本质上是基本一致的。陈向明曾经指出,"定性研究和定量研究只是从不同的角度,在不同的层面,用不同的方

---

① 江净帆.论质化研究与量化研究的整合[J].社科纵横,2009(8).
② 卜卫.方法论的选择:定性还是定量[J].国际新闻界,1997(5).

法对同一事物的"质"进行研究。由于指导思想和操作手段不同,它们有可能将研究的重点放在"质"的不同侧面上……因此,那种认为两种研究方法截然对立的看法是值得推敲的"①。而沈剑平、瞿葆奎则认为,"定性研究为定量研究提供框架,而定量研究又为进一步的定性研究创造条件"②。亦即,他们都认为定量研究和定性研究两者并不是截然对立的,而是可以融合的。

由上述分析可以发现,无论是持二者不可以融合观点者还是持二者可以融合观点者,其实都认同定量研究和定性研究是可以融合的,只是对二者在哪个层面上可以融合有不同观点罢了。所以有论者指出:"由国内社会科学近三十年的发展实践可以看出,把参与观察、深度访谈、史料中获得数据尽可能量化、数字化进而统计分析弥补质性研究主观性的弊端,同时也尽可能在以问卷调查为主的量化研究中增加研究者深度访谈和实地观察的实践,以求避免过度数据化刻板和弥补量化研究过度形式化而对社会现象解释力度削弱的弊端,则是包括社会学、心理学、人类学在内的社会科学领域研究方法选择和具体使用的主流趋势。"③

那么,定量研究和定性研究的融合是否有限度呢?或者说两者的融合是在什么层面上进行的呢?本研究基本上赞同持不可融合者的观点,认为定量研究和定性研究的融合是有一定限度的,两者的融合仅局限于具体的研究方法和操作技术层面,融合于研究者的整个研究实践④。两

---

① 陈向明.社会科学中的定性研究方法[J].中国社会科学,1996(6).
② 沈剑平,瞿葆奎.教育研究范式简论[J].华东师范大学学报(教育科学版),1990(1).
③ 陈雯.对垒抑或统一:社会科学研究中质与量的方法选择[J].调研世界,2009(8).
④ 沃野在《关于社会科学定量、定性研究的三个相关问题》一文中指出:从已出版的研究成果来看,定量研究和有些种类的定性研究的互补性已是不可争辩的事实。定性研究可以帮助研究者无偏见地发现问题,包括问题的内容、性质及其发展的形态,而定量研究则能帮助研究者去明了、确认问题的客观性内容以及检验业已出现的理论之信度。如此观之,两种研究的对立就研究实践而言是不存在的。换句话说,所谓定量与定性研究的统一、和谐,并不是它们自身之间的统一或和谐,而是统一、和谐于整个研究实践。

者融合的形式为"方法论是定性的,一些步骤是定量的;或方法论是定量的,一些步骤是定性的。这些步骤是整个研究过程的有机组成部分"①。

二、定量研究与定性研究融合的必要性

上文分析了定量研究和定性研究融合的可能性及其限度问题,那么,定量研究和定性研究有无融合的必要性呢?答案当然是肯定的,原因就在于无论是定量研究还是定性研究,都有其自身的优点,也有缺陷与不足。融合使用两种研究方法,弥补各自的缺陷和不足,达成优势互补是定量研究和定性研究融合的必要性所在。

1.定量研究的优点与缺陷

定量研究的优点概括起来有以下几个方面:① 定量研究适合在宏观层面对社会现象进行大面积的统计调查,有助于我们精确地描述社会现象,获得关于社会的新信息,包括某些新的数值化的社会信息、某些新的宏观性的社会信息以及某些有关社会现象的未来性社会信息;② 大规模的抽样调查数据可以使我们较为容易地判定样本在社会群体中的代表性,通过随机抽样可以获得有代表性的数据和研究成果;③ 定量研究的研究工具和资料收集有标准化的程序,便于对研究的效度和信度进行相对准确的测量;④ 定量研究可以通过一定的研究工具和研究手段对研究者事先设定的理论假设进行验证;⑤ 定量研究获得的量化数据及其统计分析为我们进行横向和纵向的比较研究奠定了基础;⑥ 由于定量研究可以对社会情境进行适当的控制,因此可以使用试验干预的手段对控制组和实验组进行对比研究;⑦ 定量研究在考察事物之间的因果关系及相关关系方面具有较大的优势;⑧ 定量研究有

---

① 卜卫.方法论的选择:定性还是定量[J].国际新闻界,1997(5).

助于克服研究者既有的"价值倾向",可以用客观的数字来检验人们通常得到的"印象"是否符合客观事实;⑨ 由于统计分析方法的规则是统一的,彼此容易学习,学者之间的交流也很多,故定量研究的质量优劣相对容易评价,在同行中比较容易达成共识。除此之外,恰如谢宇所说,相比于定性研究,定量研究可以使学生更容易学习,学生通过统计课程的规范学习就可以从老师那里学习到比较系统的定量研究方法。① 定量研究的上述优点可以帮助研究者探明事物的社会结构、探寻事物的发展趋势,②从而有助于有效实施社会预测,为制定政策和做出决策提供依据。

  定量研究也有其自身的缺陷与不足。第一,社会是处在不断变化之中的,由此导致一些"变量"的内涵及其对社会现象的解释能力也必然处在不断变化之中,③而对于这些变化的分析需要定性研究者的观察与概括;第二,定量研究测量的时间往往只是一个或几个固定的时间点,很难对事件的发生过程进行全程追踪;第三,定量研究无法触及深层,它只能对事物的那些比较表层的、可以量化的部分进行测量,而不能获得具体的细节性内容;第四,定量研究只能对研究者事先预定的一些理论假设进行证实,很难了解当事人自己的视角和想法,同时,由于定量研究的学者分析的对象主要是变量和数字,而与当事人没有直接的接触,可能会导致其忽视"变量"的承载者对此的实际感受;第五,定量研究对数据的依赖度极高,但往往通过调查所得来的数据真假难辨,无法保证当事人所提供的信息是完全准确的,只能假设其为真。

---

  ① 谢宇.社会学方法与定量研究[M].北京:社会科学文献出版社,2006:序言.
  ② 关于定量研究在探明事物的社会结构和发展趋势方面的论述,参见吴康宁教授于 2009 年 5 月 31 日在陕西师范大学所做的"走进教育社会学"讲座。
  ③ 在南京师范大学教育社会学沙龙中,吴康宁教授对转型社会所导致的"总体性概念"的塌崩的论述就是一个很典型的表现。

2. 定性研究的长处与不足

陈向明曾经把定性研究的长处概括为七个方面：① 在微观层面上对社会现象进行比较深入细致的描述和分析，对小样本进行个案调查，研究比较深入，便于了解事物的复杂性；② 注意从当事人的角度找到某一社会现象的问题所在，用开放的方式收集资料，了解当事人看问题的方式和观点；③ 对研究者不熟悉的现象进行探索性研究；④ 注意事件发生的自然情境，在自然情境下研究生活事件；⑤ 注重了解事件发展的动态过程；⑥ 通过归纳的手段自下而上建立理论，可以对理论有所创新；⑦ 分析资料时注意保存资料的文本性质，叙事的方式更加接近一般人的生活，研究的结果容易起到迁移作用。①

定性研究的不足也是显而易见的。第一，定性研究不适合在宏观层面甚至中观层面对规模较大的人群或社会机构进行研究，其选择的研究对象往往是个案，且缺少对其所选研究对象在总体中代表性的论证，因此它的代表性往往会受到挑战，由此得出的研究结果和结论也会受到人们的质疑，其推广度也受到质疑；第二，定性研究结果的效度、信度也无法像定量研究那样进行工具性的准确测量；第三，定性研究如果缺乏量化的指标，就很难进行横向和纵向的比较研究，"甚至很难对研究对象进行最基本的勾画"②，其学术价值和应用意义也会受到影响；第四，由于定性研究没有建立起统一的研究程序，很难建立公认的质量衡量标准，所以不同学者之间的研究往往无法进行相互比较，相互之间的交流也比较少，而且比较容易互不服气；第五，定性研究既费时又费工，它往往需要经历一个相当长的研究时间，而且收集到的资料较为庞杂，资料的整理和分析工作也比较困难；第六，定性研究对研究者的要

---

① 陈向明.质的研究方法与社会科学研究[M].北京:教育科学出版社,2000:473.
② 谢宇.社会学方法与定量研究[M].北京:社会科学文献出版社,2006:序言.

求过高,它往往依赖于研究者观察时得到的"直觉",这就要求研究者有较为丰富的生活经历和感受力,这不是一般研究人员所能够达到的;第七,定性研究中研究者的参与会导致其角色和情感冲突,研究者在研究过程中角色难定,增加了研究的主观性质。除此之外,与定量研究一样,定性研究也存在着研究文本的真假难辨问题①。研究者也无法保证当事人所提供信息的真实性,也只能是在假设为真的基础上来进行研究。

3. 定量研究与定性研究融合的好处

定量研究和定性研究各有优缺点,把两者融合可以达到任何一种方法单独使用都无法具备的好处。首先,在同一个研究项目中使用这两种不同的方法,可以同时在不同的层面和角度对同一研究问题进行探讨。如果研究的问题中包含了一些不同的、多侧面的子问题,研究者可以根据需要,选择不同的方法对这些问题进行探讨,不同的方法之间可以相互补充,共同揭示研究现象的不同侧面。其次,在同一研究中使用不同的研究方法还可以为研究设计和解决实际问题提供更多的灵活性。一个研究项目可以同时提出量的和质的研究问题,也可以同时收集不同类型的原始资料。最后,使用不同的方法还可以对有关结果进行相关检验,从而提高研究结果的可靠性。②

由上面的分析我们可以发现,定量研究和定性研究两者各有自身的优势,也具有各自的局限,而且定量研究的优势恰恰能弥补定性研究的不足,定性研究的优势又恰恰能弥补定量研究的缺陷,两者融合具备任何单一方法所不具备的好处;同时面对日益丰富的信息和复杂的社

---

① 2006 年在海南师范大学召开的第九届教育社会学年会上,来自中国台湾的教育社会学学者张建成先生曾讲过他研究过程中遇到的一个案例。他花了一整天的时间对一户原住民进行访谈,当访谈结束准备离开之时,那位原住民突然对他说"我今天告诉你的都是假的",没有办法,又只能买酒买肉招待,然后重新对他进行访谈。

② 陈向明.质的研究方法与社会科学研究[M].北京:教育科学出版社,2000:473-474.

会现象,单纯采用任何一种方法都不足以达成对社会现象的完整、全面、准确的认识,所以,只有融合使用两种方法,使其做到优势互补,才能尽可能地达成研究的目标。

三、定量研究与定性研究融合的可能方式

定量研究与定性研究融合的可能方式概括起来大致有三种,即主从式融合、整体式融合和分解式融合。①

1. 主从式融合

主从式融合的方式是指在研究过程中,以定量研究或定性研究的某一个为主,同时辅之以另外一个。在这种融合中,一种方法被用来为另一种方法服务,没有自己独立的地位。按照吴康宁教授的看法,定量研究和定性研究的主从式融合是一个连续的谱系,这个谱系的一端是量质结合,即定量研究与定性研究的结合,研究的主体是一个大型的量化调查,同时做一点补充性质的定性研究,在这里定量研究是主体,定性研究只是作为辅助方法而存在,定性研究是为定量研究服务的,定性研究的结果和结论仅起一种点缀的作用;谱系的中间是量质互联,以一个中型的量化研究为主,同时通过访谈、日记、笔记等做一定的定性分析;谱系的另一端是量质互补,研究项目有一个小型的量化研究和对所有总体的定性研究相结合,其中,定量研究把握事物"量"的性质、揭示社会结构,定性研究来揭示社会过程,挖掘社会意涵。②

2. 整体式融合

整体式融合的方式是指在一个研究中,将定量研究和定性研究当

---

① 关于整体式融合和分解式融合的划分是由马克斯维尔做出的,详见:陈向明.质的研究方法与社会科学研究[M].北京:教育科学出版社,2000:473-482.

② 关于定量研究和定性研究谱系的划分,吴康宁教授于2009年5月31日在陕西师范大学做"走进教育社会学"讲座中提出,并做了详细的解释。

成彼此分开的两个部分,在一个整体设计中将这两个部分各自完整地结合起来。它又可以分成顺序设计、平行设计和交叉设计三种不同的设计方案。

3. 分解式融合

分解式融合是指在研究过程中,将定量研究和定性研究的研究设计、资料收集、资料分析等各个部分进行分解,然后将其中某些部分重新进行组合,形成一个完整的设计。它包含混合式设计、整合式设计和内含型设计三种不同的设计方案。

本研究的主题是社会结构与高等教育之间的关系,研究项目涉及探明事物的结构以及事物的发展趋势问题,而这正是定量研究之所长;同时我们又期望在探明社会结构与发展趋势的过程中,能够进行深层次的挖掘和意涵的解释,而这又是定性研究之所长。因此,基于对定量研究和定性研究的充分了解与比较,根据本研究课题的需要,笔者选择了量质融合的研究方法,其中又以定量研究为主,定性研究为辅,也就是采用主从式融合的方式。由于研究者自身的研究能力和物质条件的限制,笔者实施了一个中型的量化研究,并辅之以一定的定性分析,所以,本研究所采用的是定量研究与定性研究主从式融合中的量质互连方法。

第三节 量质互联:对本研究采用的研究方法的说明

基于对研究方法的选择,下面分别对本研究涉及的定量研究资料的获取和定性研究资料的获取情况做出说明。

一、定量资料的收集与获取

1. 调查问卷的编制

本次调查采用了研究者自行编制的调查问卷来进行,问卷编制经过三个阶段完成：第一个阶段，根据已有的研究成果和研究设计，初步编制出调查问卷，并进行了小范围的试测；第二个阶段，在试测的基础上对调查问卷进行修改，并邀请相关专家进行指正；第三个阶段，根据专家的意见，对调查问卷做了进一步的修改，最终完成调查问卷的编制。

2. 调查时间的选取

通过问卷调查获取相关数据资料的时间段是2010年5月25日—6月15日。选择这一时间段是因为，根据研究的设计，调查需要在尽可能的情况下收集到学生的毕业去向。如果选择的调查时间过早，确定去向的学生比率较低，会对研究结果和结论造成一定影响；而选择时间过晚，则学生已经毕业离校，在研究者的力量范围内收集到相应的资料会变得异常困难。基于这样的考虑，选择这一时间段进行调查，一方面，此时间段是学生毕业在即的时间，在毕业之前有些学生已经基本确定了毕业去向，未确定毕业去向的学生也基本不会在本时间段到毕业之间确定毕业去向，故能够获得更加准确的信息；另一方面，这段时间大部分学生都在学校处理毕业的相关事宜，便于调查的开展。

3. 抽样设计

本研究采取分层抽样的方式抽取样本，根据东部、中部和西部的划分，我们首先在全国选取了北京、江苏、山东、广东、安徽、湖南、甘肃、贵州和内蒙古自治区9个省市自治区，然后在其中随机抽取了13所高校，其中985工程院校6所，包含综合类大学5所，师范类大学1所（其中含有大量非师范专业）；211工程院校4所，包含综合类大学2所，师范类大学2所，其中一所师范类大学已经基本发展成了综合类大学，师范生所占比例不足10%；一般本科院校3所，包含综合类大学2所，师范类大学1所。同时，我们大致将高校的专业划分为文科类专业、理科类专业和工科类专业三类,文科类涉及中文、历史、外语、新闻等专业;理科类涉及化学、生物、数学、地理、物理等专业;工科类涉及通信、电子、土木、环境工程等专业。在此基础上,我们分别在不同高校的各个专业随机抽取部分2010届毕业班级作为我们的调查对象,并实施了问卷调查。

本次调查共发放问卷3 049份,收回问卷2 901份,回收率为95.15%,其中有效问卷2 746份,有效问卷率达94.66%。

4. 样本概况

我们通过调查样本学生的学校专业情况、父亲的职业及学历情况以及母亲的职业及学历情况几个方面来介绍样本的情况。

(1) 学生的学校专业概况(见表2-1)

表2-1 学生的学校专业概况统计表

学校	项目	专业			总计
		文科	理科	工科	
普通本科院校	小计	299	357	300	956
	在学校中的占比	31.3%	37.3%	31.4%	100.0%
	在专业中的占比	35.1%	38.8%	30.8%	34.8%
	总占比	10.9%	13.0%	10.9%	34.8%
211工程院校	小计	372	313	214	899
	在学校中的占比	41.4%	34.8%	23.8%	100.0%
	在专业中的占比	43.7%	34.1%	21.9%	32.7%
	总占比	13.5%	11.4%	7.8%	32.7%
985工程院校	小计	181	249	461	891
	在学校中的占比	20.3%	27.9%	51.8%	100.0%
	在专业中的占比	21.2%	27.1%	47.3%	32.5%
	总占比	6.6%	9.1%	16.8%	32.5%

续表

学 校	项 目	专 业			总 计
		文科	理科	工科	
总 计	小计	852	919	975	2 746
	在学校中的占比	31.0%	33.5%	35.5%	100.0%
	在专业中的占比	100.0%	100.0%	100.0%	100.0%
	总占比	31.0%	33.5%	35.5%	100.0%

（2）学生父亲的职业概况（见表2-2）

表2-2 学生父亲的职业概况统计表

类 别	频 次	百分比	有效百分比	累积百分比
国家与社会管理人员	217	7.9	7.9	7.9
企业经理	170	6.2	6.2	14.1
私营企业主	116	4.2	4.2	18.3
个体工商户	495	18.0	18.1	36.4
专业技术人员（包括教师、工程师、医生等）	326	11.9	11.9	48.3
产业工人	413	15.0	15.1	63.3
办事人员	93	3.4	3.4	66.7
商业服务业员工（包括收银员、售货员、服务员等）	39	1.4	1.4	68.2
农民	787	28.7	28.7	96.9
城乡无业、失业或半失业人员	49	1.8	1.8	98.7
其他	37	1.3	1.3	100.0
小计	2 742	99.9	100.0	
丢失	4	0.1		
合计	2 746	100.0		

(3) 学生父亲的学历概况(见表2-3)

表2-3 学生父亲的学历概况统计表

类别	频次	百分比	有效百分比	累积百分比
文盲	66	2.4	2.4	2.4
小学	250	9.1	9.1	11.5
初中	728	26.5	26.5	38.0
高中或中专	1 011	36.8	36.8	74.9
专科	223	8.1	8.1	83.0
本科	384	14.0	14.0	97.0
研究生	82	3.0	3.0	100.0
小计	2 744	99.9	100.0	
丢失	2	0.1		
合计	2 746	100.0		

(4) 学生母亲的职业概况(见表2-4)

表2-4 学生母亲的职业概况统计表

类别	频次	百分比	有效百分比	累积百分比
国家与社会管理人员	86	3.1	3.1	3.1
企业经理	70	2.5	2.5	5.7
私营企业主	51	1.9	1.9	7.5
个体工商户	370	13.5	13.5	21.0
专业技术人员（包括教师、工程师、医生等）	289	10.5	10.5	31.5
产业工人	365	13.3	13.3	44.8
办事人员	69	2.5	2.5	47.3
商业服务业员工（包括收银员、售货员、服务员等）	89	3.2	3.2	50.6

续表

类别	频次	百分比	有效百分比	累积百分比
农民	933	34.0	34.0	84.6
城乡无业、失业或半失业人员	390	14.2	14.2	98.8
其他	34	1.2	1.2	100.0
合计	2 746	100.0	100.0	

(5)学生母亲的学历概况(见表2-5)

表2-5 学生母亲的学历概况统计表

类别	频次	百分比	有效百分比	累积百分比
文盲	163	5.9	5.9	5.9
小学	455	16.6	16.6	22.5
初中	858	31.2	31.2	53.8
高中或中专	787	28.7	28.7	82.4
专科	210	7.6	7.6	90.1
本科	230	8.4	8.4	98.4
研究生	43	1.6	1.6	100.0
合计	2 746	100.0	100.0	

在本研究中,除了使用调查研究所获得量化数据之外,我们还使用了《中国教育统计年鉴》、中国高等教育数据库等已有的量化数据。

二、定性资料的收集与获取

2010年5月10日—7月10日,对样本中的部分学生进行了访谈,获取了一定的研究资料;同时,还收集了部分样本学校的培养计划、教学大纲、招生就业政策等文本资料。这些也是本研究的重要资料来源。

社会结构对高等教育分流流层结构的影响

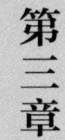

第三章

第三章 社会结构对高等教育分流流层结构的影响

自1978年改革开放以来,伴随着市场化改革的不断推进,高度计划的经济体制被社会主义市场经济体制所取代,经济体制的变化必然会带来社会结构的变化,我国的社会结构也正在经历着从农业、乡村、封闭的传统社会向工业、城镇、开放的现代社会的转型过程。社会转型带来的是社会结构的巨大变化,社会流动性大大增强,而且社会流动的方式也开始由以赞助性流动为主向以竞争性流动为主转化,自致性因素开始在社会流动中起主导作用,其中教育是自致性因素中最好、最有效的度量,尤其是经过数次分流与选拔之后的高等教育,由于其在教育系统中所处的层次较高,接受高等教育成为获取社会流动的更加有效的途径。"如果人们希望成为社会精英,那么就应该接受优质教育,接受教育分流和选拔,并在教育分流和选拔中走向优异。这是人们通向社会上层的最为基本与合理的途径。"[1]但是,高等教育这种作用的发挥是有前提条件的,受到社会结构的制约,社会结构的制约主要通过影响不同人群的教育分流结果以及控制不同教育分流结果在社会流动中的意义来实现。基于这样的认识,我们想进一步探讨如下问题:在当前我国社会中,社会结构对高等教育分流的影响是什么?这种影响的作用机制是什么?这种影响对高等教育本身意味着什么?

所谓教育体系的分流,是指"依据学生的兴趣和能力,配合国家教育政策走向,在制度上以不同的入学方式、师资及课程授予不同学生的一种制度"[2]。从层次上看,我国的学校教育分流主要包括四个层次。第一个层次是小学教育分流。尽管中央政府和各级地方政府已经从政策层面取消了重点小学制度,并开始实施教育均衡发展的战略,但是不同小学之间在质量、教育资源等方面仍然存在着较大差异,比如城市小

---

[1] 许庆豫,卢乃桂.教育分流论[M].南京:江苏教育出版社,2005.
[2] 林大森.台湾大学生毕业流向之初探[J].台湾教育社会学研究,2010(1).

学和农村小学之间、发达地区的小学和欠发达地区的小学之间,而且即使在同一城市或同一地区的小学中,也仍然有部分小学享有较高的地位。中央政府和地方各级政府在小学阶段实行分区招生、学生就近入学的教育政策,居住在不同地区和社区的小学生就分流进入不同的小学之中,而进入不同小学,则会影响学生后续的教育流向。第二个层次是初中教育分流。由于同属义务教育,初中阶段的教育分流与小学教育分流的情况较为类似,而进入不同的初中会对学生今后的教育流向产生更重要的影响。第三个层次是高中阶段学校入学分流。高中阶段学校入学分流比小学阶段教育分流和初中阶段教育分流要复杂得多。一方面,学校之间的差异更加多样化,除了不同学校之间在教育质量、教育资源等方面的差异外,还出现了类型上的差异,分为普通高中、职业中学、技工学校、中等专业学校等。而且,每一类型的学校中还可以分为更具体的类型,比如普通高中就有三星级高中、四星级高中和五星级高中的层级区分,职业中学也有国家级示范职业中学、省级示范职业中学和非示范职业中学之分,中等专业学校又有中等师范专科学校、中等财会学校和中等卫生学校的区分,不同类型的学校在教育系统内部和社会系统中享有不同的地位。另一方面,高中阶段的学校入学分流具有极其重要的意义,仅就个人和家庭而言,进入何种类型的高中"左右着个体的人生历程,制约着个体的经济收入、社会地位和家庭生活方式"①。第四个层次是高等学校选拔分流。通过高等学校招生选拔考试,学生将分流进入不同的高等学校以及不同的专业,从而在毕业之后进入社会地位、经济收入和职业声望各不相同的工作岗位。

我们这里所谈的主要是高等教育分流,亦即高等学校选拔分流。

---

① 许庆豫.试论教育平等与教育分流的关系[J].华东师范大学学报(教育科学版),2000(3).

它指的是"高等教育分流主体根据社会发展的需要和可能、分流对象的意愿和条件决策调控的、有分流机构实施操作的对分流对象的有计划、有差别的高等教育活动,目的在于造就各种专门人才"[①]。根据教育分流对象的特点,高等教育分流的结构可以分为流层结构、流向结构、流型结构和流域结构。其中流层结构是指不同层次高等教育及学生的构成状态与比例关系;流向结构是指不同科类高等教育及学生的构成状态与比例关系,是高等教育的各个流层、各种流型按学科专业划分的"分流渠道"结构;流型结构是指不同形式高等教育及学生的构成状态与比例关系;流域结构是指不同城乡高等教育及学生的构成状态与比例关系。[②]

第二章介绍过,本研究中所指涉的高等教育为本科阶段的全日制普通高等教育,既不包括业余高等教育、职业高等教育,也不包括专科阶段的高等教育和研究生阶段的高等教育,而且,我国的高等教育主要集中在城市,因此,这里所谈的高等教育分流结构仅包括流层结构和流向结构,而不包括流型结构和流域结构。

所谓流层结构特指本科阶段的高等教育分流,即进入不同层级高等院校的本科生的构成状态及比例关系,亦即校际分流。同时,根据我国高等院校的现状,将高等院校分为985工程院校、211工程院校和普通本科院校三个层级,这样划分的根据在于:一方面,国家对于不同层级高校的投入是有较大差别的,一般说来,对985工程院校的投入大于对211工程院校的投入,对211工程院校的投入又大于对普通本科院校的投入,不同的投入代表着高校能够给予学生的教育资源是不同的;另一方面,不同层级的高等院校在学生入学成绩方面也是有较大差异的,从总体上看,985工程院校学生的入学成绩要高于211工程院校学

[①] 董泽芳.高等教育分流问题研究[J].高等教育研究,2003(4).
[②] 陶能祥.论高等教育分流的结构功能[J].韶关学院学报(社会科学版),2008(11).

生的入学成绩,211工程院校学生的入学成绩又高于普通本科院校学生的入学成绩;同时,不同层级的高等院校赋予学生所获文凭的意义也是不同的,不同层级高校颁发的文凭所代表的符号价值是有较大差异的,一般情况下,985工程院校所颁发文凭的符号价值大于211工程院校所颁发文凭的价值,211工程院校所颁发文凭的价值又大于普通本科院校所颁发文凭的价值,在招聘过程中尤其是事业单位招聘过程中对学生毕业院校的限定从某一方面说明了该问题。让我们来看两则招聘简章。

招聘简章(一),见表3-1:

表3-1 ＊＊大学2011年招聘教学科研人员计划表(有删节)①

学　院	需求专业	学　位	人　数	其他要求
历史文化学院	世界中古史	博士	1	1. 本科、硕士、博士均为国家"211工程""985工程"大学全日制学历或海外留学归国人员。 2. ……
信息光电子科技学院	光学或凝聚态物理	博士	1	1. 本科须毕业于国家"211工程"大学。 2. ……
	机械制造及相关专业	博士	1	1. 本科阶段学历必须是国家"211工程"大学全日制学历或教育部认可的国外(境外)大学学历。 2. 硕士、博士阶段必须是国家"985工程"大学全日制学历或教育部认可的国外(境外)大学学历。 3. ……

招聘简章(二):

2010年××市事业单位公开招聘"985工程"高校优秀学生干部②

---

① 资料来源:http://www.91exam.org/jszg/176-9/9263-2.html。
② 资料来源:http://www.ghls.zju.edu.cn/redir.php?catalog_id=135&object_id=19848。

为全面贯彻落实市委、市政府关于大力引进紧缺、高层次优秀人才,实现人才强市的总体战略目标,按照"自愿报名、择优录用"的原则,经研究决定,××市事业单位拟面向全国公开招聘"985工程"高校优秀学生干部99名。现就有关事项公布如下:

一、招聘范围

1. "985工程"高校优秀学生干部。学生干部是指班干部、团干部、院系学生会干部、院系社团干部等。

2. "985工程"高校××市生源毕业生。

二、招聘专业类别和人数(表格附后)

三、招聘条件

1. 具有中华人民共和国国籍,拥护中国共产党领导,热爱社会主义;

2. 政治历史清楚,作风正派,遵纪守法,未受过任何刑事、党纪、政(校)纪处分;

3. 具有全日制"985工程"高校本科以上学历,取得相应学位;

4. 服从组织分配,自愿从事所分配的岗位工作;

5. 年龄在30周岁以下(1980年1月1日以后出生),身体健康,体貌端正。

在第一则招聘简章中,尽管招聘对象为博士学位拥有者,但均对其本科或本、硕、博阶段的毕业院校做了要求,或者为211工程院校,或者为985工程院校,普通本科院校都被排除在外。而在第二则招聘简章中则明确规定招聘对象为985工程院校毕业生。这都说明了211工程院校和985工程院校文凭的符号价值高于一般普通本科院校。

所谓流向结构则指在普通本科院校、211工程院校和985工程院校三个高等教育层级中,进入不同学科专业学生的状态及比例关系,在研究中将其操作化为进入文科类专业、理科类专业和工科类专业三种状况。

根据对社会结构的操作化界定和对高等教育分流结构的认识,以社会结构的三个层面即地域结构、性别结构和阶层结构为一个维度,以高等教育分流结构的两个层面即流向结构和流层结构为一个维度,进行交叉组合,便构成了本部分的研究内容,即地域结构对高等教育分流流层结构的影响、性别结构对高等教育分流流层结构的影响、阶层结构对高等教育分流流层结构的影响以及地域结构对高等教育分流流向结构的影响、性别结构对高等教育分流流向结构的影响、阶层结构对高等教育分流流向结构的影响。详见表3-2:

表3-2 研究内容分析表

	流层结构	流向结构
地域结构	来自城市和农村的学生分别进入了哪个层级的高等院校	来自城市和农村的学生分别进入了什么专业
性别结构	不同性别的学生分别进入了哪个层级的高等院校	不同性别的学生分别进入了什么专业
阶层结构	来自不同阶层的学生分别进入了哪个层级的高等院校	来自不同阶层的学生分别进入了什么专业

本章仅考察社会结构对高等教育分流流层结构的影响,即社会结构对学生校际分流的影响,而社会结构对高等教育分流流向结构的影响,即社会结构对学生专业分流的影响,则放在下一章中进行探讨。

第一节 影响高等教育分流的"看得见的手":作为高等教育分流标准的"学术标准"

高等教育分流的标准是与国家的教育政策尤其是高等学校的招生政策密切相关的。不同的招生政策是建立在对不同的高等教育分流标准的认知与认可的基础之上的,体现与反映着国家所认可的高等教育分流标准。1949年以后,我国高等学校招生政策的变迁大致经过了三个时期,与这三个时期的高校招生政策相对应,高等教育分流的标准也经历了三次变化,即从"学术标准"与"政治身份"相结合到"政治质量"再到"学术标准"。

一、"学术标准"与"政治身份":新中国成立初期(1949—1957年)的高等教育分流标准

新中国成立以后,为了适应国民经济恢复和发展的需要,有计划地选择和培养国家的专门建设人才,中央政府于1950年恢复和重建了高等学校招生制度。新中国是以工人阶级领导的、以工农联盟为基础的社会主义国家,在教育上注重对解放区教育经验的吸收和继承,具有很强的平民意识和革命意识,强调教育要向工农开放。在第一次全国教育工作会议上,时任教育部长马叙伦指出:"我们的国家是以工农联盟为基础的人民民主专政的国家,因此我们的教育也应该以工农为主体……我们的中学校和大学校,应该有计划、有步骤地为工农青年开门,以便大量地培养工农出身的新型知识分子。"①政务院1950年发布的《关于举办工农速成中学和工农干部文化补习学校的指示》指出:"工农干部是建设人民国家的重要骨干……人民政府必须给他们以专门的受教育机会,培养他们成为新的知识分子。"②教育部于1950年颁布的《教育部关于高等学校1950年度暑期招考新生的规定》中,也对录取标准做出了特别规定:"有三年以上工龄的产业工人;参加工作三年以上的革命干部及革命军人;兄弟民族学生;华侨学生,考试成绩虽差,得从

---

① 杨学为.高考文献(上)[M].北京:高等教育出版社,2003.
② 《中国教育年鉴》编辑部.中国教育年鉴(1949—1981)[M].上海:中国大百科全书出版社,1984:175.

宽录取。"①此后又陆续通过对工农干部和革命军人、产业工人采取优先录取、降低分数线、免考外语等方式扩大其进入高等院校的机会。通过以上分析,我们会发现"政治身份"在当时的高等院校招生政策中占有重要的位置,由此也反映出"政治身份"在当时是高等教育分流的一个重要标准。

与此同时,新中国成立之后,面临着进行国家建设的重要任务,培养大量合格的国家建设人才是当时高等教育的一个重要目标。1950年召开的第一次全国高等教育会议明确提出,高等教育要"培养具有高等文化水平的、掌握现代科学和技术成就的、全心全意为人民服务的、高级的国家建设人才"②。这就决定了高等院校的主要任务就是培养国家的建设"精英",尤其是技术精英,从而使得"学术标准"也必然成为高等教育选拔与分流的重要标准。随着"一五"计划的实行和苏联高等教育模式的引进,教育部于1952年建立了全国高等教育统一招生考试制度,实行统一计划、统一组织领导、统一考试、统一录取的调配方式,不断提高对学业能力的要求,"学术标准"得到进一步的强化,"政治身份"标准有所淡化。

在"服务于国家建设,向工农开门"的办学方针的指导下,新中国初期的高等教育分流也主要坚持"政治身份"和"学术标准"的双重依据,根据"又红又专"的要求来对学生实施高等教育分流。

二、"政治质量":"教育革命"时期(1958—1977年)的高等教育分流标准

随着1957年整风运动和反右斗争的进一步发展,毛泽东对当时社

---

① 教育部关于高等学校1950年度暑期招考新生的规定[N].江西政报,1950(6).
② 中华人民共和国教育部.共和国教育50年[M].北京:北京师范大学出版社,1999:354.

会主要矛盾的判断发生了重要转折,认为当时社会的主要矛盾仍然是无产阶级和资产阶级的矛盾、社会主义和资本主义的矛盾,并把正在接受社会主义改造的民族资产阶级和知识分子列为剥削阶级的范畴。①在这一认识的主导下,毛泽东一方面强调"政治和业务是对立统一的,政治是主要的、第一位的""所谓先专后红就是先白后红,是错误的"②,强调政治标准的重要性;另一方面又对新中国成立初期照搬苏联高等教育的模式提出尖锐批评,认为其忽视了政治、忽视了党的领导,与政治、生产劳动以及工农发生了严重的脱离。在1958年发布的《关于教育工作的指示》中,进一步提出党的教育方针是为无产阶级政治服务,教育要与生产劳动相结合,培养一支又红又专的工人阶级知识分子队伍。在对党的领导和教育为政治服务的突出强调政策的影响下,在高等学校招生中,学生的"政治质量"就成为其能否进入高校及进入何种类型高校的首要前提,学生的学业标准被大大弱化。高校的录取原则相应也修改为:在保证政治质量的前提下,结合学业、健康条件,选择录取质量较好的学生入学。

在"文化大革命"开始之后,这一政策被进一步强化甚至扩大化,以学业成绩作为高等学校招生选拔标准的政策受到了更大的冲击。1966年,中共中央、国务院发布的《关于改革高等学校招生工作的通知》中明确规定在招生中取消考试,采取推荐与选拔相结合的办法。1968年,毛泽东发布"七二一"指示,指出:"教育要革命,要无产阶级政治挂帅,要从没有实践的工人、农民中间选拔学生。"③在此精神指导下,"自愿报名、群众推荐、领导批准、学校复审"成为"文化大革命"时期高等教育招生的主要方式。由此,学术标准在高等教育招生和分流过程中彻底

---

① 毛泽东.毛泽东选集(第五卷)[M].北京:人民出版社,1977:425.
② 毛泽东.毛泽东选集(第五卷)[M].北京:人民出版社,1977:335.
③ 从上海机床厂看培养工程技术人员的道路[N].人民日报,1968-7-22.

被废除,政治出身和政治表现成为高等教育招生和分流的首要标准。

三、"学术标准"的重新确立:改革开放以后(1978年至今)的高等教育分流标准

"文化大革命"结束以后,国家的中心任务又从阶级斗争转移到社会主义现代化建设上来。为了适应社会主义现代化建设的需求,我国的教育方针又发生了根本性的转变,由之前的强调教育要为政治服务转为教育要为社会主义经济建设服务。1977年,邓小平发表讲话指出:"要实现现代化,关键是科学技术要能上去,发展科学技术,不抓教育不行,必须有知识,有人才……要经过严格的考试,把最优秀的人集中到重点中学和大学。"①同年,高考统一招生考试制度得以恢复,学术标准得以重新确立,取代了政治出身和政治表现的标准而重新成为高等教育招生和分流的主要标准。

通过上面的回顾不难发现,高等教育分流的标准在新中国建立以后的演化过程,实际上就是学术标准与政治等社会结构标准不断斗争的过程,也是学术标准地位不断确立、社会结构因素不断削减的过程。学术标准的重新确立无疑具有重要的意义,因为它最大可能地排除了家庭背景等社会结构因素对高等教育分流的影响,部分学者及社会成员对此持积极乐观的态度。事实果真如此吗?家庭背景等社会结构因素对高等教育分流果真不起作用了吗?情况并非如此乐观。

第二节 影响高等教育分流的"看不见的手": "学术标准"背后的社会结构因素

关于"学术标准"在高等教育分流的核心地位得以确立之后,社会

---

① 中共中央党校教务部.邓小平文选(第二卷)[M].北京:人民出版社,1994:40.

经济条件等社会结构因素对高等教育分流的影响,国外学者和我国台湾学者进行了大量研究。比如,哈利南(Hallinan)在探讨不同类型学校学生分流流向时发现,年龄、种族、性别等因素对教育分流都有影响;帕拉斯(Pallas)等人发现性别、族群、社会经济背景等因素影响了能力分班的结果;尤西姆(Useem)证实了父母的受教育程度对子女教育分流有重要影响;小野(Ono)从日本学生自中等到高等教育的晋升过程中,发现性别、兄妹人数、居住城市、父母亲受教育程度与父母亲职业等因素会深刻地影响教育分流路径;西奥多(Theodore)与郑(Cheng)则提出,尽管近年来美国中学已经将技术和职业课程向学术方向修正,但学生的族群和社会经济条件仍旧深刻地影响中学生毕业后的分流走向。① 上述研究从不同层面证明了性别、父母亲的受教育程度与职业、家庭阶层背景等社会结构因素会对高等教育分流产生重要的影响。而布尔迪厄和帕斯隆则论证了家庭文化因素对高等教育分流的影响。②

除了欧美和日本等地学者的研究之外,我国台湾学者也通过对台湾高等教育的实证研究,探讨了社会结构因素对高等教育分流的影响。杨莹发现普通高校的学生与高职高专的学生相比,社会经济背景条件更好;林大森则证实了除普通学校与职业学校之外,也不应该忽视公立学校与私立学校之间的区隔;蔡淑铃指出,父亲职业地位较高的优势阶级流露出"重学术、轻职业"取向的阶级偏好。③

针对我国的情况,部分学者也进行了一定的实证研究。比较有代表性的包括:方跃林发现父亲的文化程度和家庭居住地对高等教育分流有重要的影响;④张玉林、刘保军指出了父亲职业阶层对高等教育分

---

① 参见:林大森.台湾大学生毕业流向之初探[J].台湾教育社会学研究,2010(1).
② [法]P.布尔迪厄,[法]J.-C.帕斯隆.再生产:一种教育系统理论的要点[M].北京:商务印书馆,2002.
③ 参见:林大森.台湾大学生毕业流向之初探[J].台湾教育社会学研究,2010(1).
④ 方跃林.社会阶层化与高等教育入学机会的差异性研究[D].厦门大学,1991.

流的影响;①谢作栩、王伟宜等对家庭阶层背景在高等教育分流方面的影响进行了详细的分析;②文东茅、杨倩等人则分析了性别因素对高等教育分流的影响。③

自20世纪90年代末开始的高等教育扩招,使得我国高等教育规模,无论是在高校数量还是在校生与毕业生人数方面,均有大幅增长。撇开高等教育规模扩张所带来的教育质量下降等问题不谈,部分学者认为高等教育扩张所带来的高等教育入学机会的大量增加,必然会带来高等教育公平的增加,社会结构因素在高等教育流层分流方面的影响会不断减小,学术标准在高等教育分流中的核心地位也必然会得到更好的体现。至今,高等教育规模扩张已经经过了十余个年头,现实的情况是否像部分学者所分析的那样乐观呢?让我们来看一下国外的经验。

在教育规模扩张及其对教育分流的影响的研究方面,拉夫瑞特和豪特是最早的研究者之一。他们提出了最大化维持不平等假设(maximally maintained inequality,简称MMI假设),认为:"除非入学规模扩大迫使转换率和优比发生变化,否则转换率以及社会出身与教育转换之间的优比对于所有同期群都是不变的。"④也就是说,尽管教育规模的扩张会带来教育机会的扩大,但学生的社会经济背景仍然会

---

① 张玉林,刘保军.中国的职业阶层与高等教育机会[J].北京师范大学学报(社会科学版),2005(3).
② 谢作栩,王伟宜.不同社会阶层子女高等教育入学机会差异的探讨——陕、闽、浙、沪部分高校调查[J].东南学术,2004(A1);谢作栩,王伟宜.高等教育大众化视野下我国社会各阶层子女高等教育入学机会差异的研究[J].教育学报,2006(2);郭涛,王伟宜.不同社会阶层子女高等教育机会差异研究[J].理论导刊,2007(7);王伟宜.不同社会阶层子女高等教育入学机会差异的研究[J].民办教育研究,2005(4).
③ 文东茅.我国高等教育机会、学业及就业的性别比较[J].清华大学教育研究,2005(5);杨倩.我国高等教育入学机会的性别差异研究[J].现代教育管理,2009(1).
④ Raftery A E, Hout M. Maximally Maintained Inequality: Expansion, Reform, and Opportunity in Irish Education, 1921—1975[J]. sociology of Education, 1993;66(1).

在较大程度上影响教育分流。除非在社会经济背景方面处于较高位置者的入学需求已经达到饱和状态,否则社会经济背景的影响便会持续存在。在 MMI 假设的基础上,卢卡斯提出了有效维持不平等假设(effectively maintained inequality,简称 EMI 假设)。卢卡斯对 MMI 假设进行了修正,认为即使上层阶级在高等教育中达到了饱和,不平等还将在高等教育中以更有效的方式加以维持,学生的家庭社会经济背景在高等教育分流方面仍然会持续地发生影响,使学生流入不同层次和类型的高等院校,获取价值不同的高等教育文凭,上层阶级在获取较高价值的高等教育文凭方面仍然占有较大优势。

  国外的研究告诉我们,高等教育的规模扩张并不会削减社会结构因素在高等教育分流中的作用。在国内,部分研究者认为高等教育规模扩张之后,社会结构因素对高等教育分流的影响作用在不断减弱,比如有研究者就发现高等教育的规模扩张削减了城乡因素和性别因素对高等教育分流的影响。[①] 但对高等教育规模扩张之后,社会结构因素对高等教育分流仍然持续存在的影响缺乏足够的反思,而这正是下面我们所要进行探究的工作。

第三节 我国社会结构对高等教育分流流层结构影响的实证研究

一、研究问题与研究假设

  本章主要讨论的问题是:在"学术标准"成为高等教育分流的首要

[①] 杨旻.高等教育机会性别不平等的因素分析与对策思考[J].江苏社会科学,2009(3);原春琳.高校招生向中西部倾斜——2006 年大学新生农村娃多过城市生源[N].中国青年报,2007-5-29.

与核心标准之后,社会结构因素是否还对高等教育分流流层结构产生着重要的影响?如果有影响,表现在哪些方面?产生影响的机制又是什么?在高等教育规模扩张之后,社会结构因素对高等教育分流流层结构的影响是否有所削弱甚至消失?如果有削弱,表现在哪些方面?如果没有削弱,其原因是什么?根据对社会结构和高等教育分流的操作化界定,主要通过分析来自城市和农村的学生分别进入了哪个层级的高等院校、不同性别的学生分别进入了哪个层级的高等院校以及来自不同阶层的学生分别进入了哪个层级的高等院校,来探讨上述研究问题。

从逻辑上来分析,在"学术标准"成为高等教育分流的首要与核心标准之后,社会结构因素对高等教育分流的影响必然会大大降低甚至消失。而在上文中所引用的国外研究则告诉我们,事实并非如此,即使"学术标准"成为高等教育分流的首要与核心标准之后,社会结构因素的影响仍然没有消失,甚至还有固化的趋势。从常识来看,随着高等教育的规模扩张和入学机会的大幅度膨胀,社会结构因素的影响必然会逐渐缩小甚至消失,但相关的国外研究结论显示,社会结构因素的影响仍然顽固地存在着,并以或明或隐的方式顽强地发挥着作用。基于此,在我国高等教育大规模扩张的背景下,本研究提出如下假设:

在学术标准成为高等教育分流的首要与核心标准之后,社会结构因素仍然在很大程度上影响着高等教育分流的流层结构;而且,在高等教育规模扩张以后,这种影响并没有相应地削弱,而是有所加强。

该假设又可以进一步分为三个子假设。

假设1:在学术标准成为高等教育分流的首要与核心标准之后,地域结构仍然在很大程度上影响着高等教育分流的流层结构。相比于城市学生,农村学生进入普通本科院校的可能性更大;与农村学生相比,城市学生进入211工程院校和985工程院校的概率更大。而且,在高等教育规模扩张以后,这种影响仍然持续存在着。

假设 2：在学术标准成为高等教育分流的首要与核心标准之后，性别结构仍然在很大程度上影响着高等教育分流的流层结构。相比于男生，女生进入普通本科院校的概率更大；与女生相比，男生进入 211 工程院校和 985 工程院校的可能性更大。而且，在高等教育规模扩张以后，这种影响仍然持续存在着。

假设 3：在学术标准成为高等教育分流的首要与核心标准之后，阶层结构仍然在很大程度上影响着高等教育分流的流层结构。社会中上阶层相比于社会下层和底层，进入 211 工程院校和 985 工程院校的可能性更大；与社会中上阶层相比，社会下层和底层进入一般普通本科院校的比例更大。而且，在高等教育规模扩张以后，这种影响仍然持续存在着。

二、数据来源与数据处理

1. 数据来源

在本研究中，所有数据均为问卷调查所得，样本来源以及样本情况在第二章中已经做出了详细的交代，在此不做赘述。

2. 数据处理

在数据处理方面，主要采取了三种方法，一是列联表统计，即描述性统计[①]；二是方差分析；三是多类别逻辑回归分析（Multinomial Logisitic）。在回归分析中，如果因变量为分类变量，同时因变量的水平数大于 2 且各水平之间不存在等级递减或等级递增关系时，就适用多类别逻辑回归分析。若因变量有 K 个水平，则除一个对照水平外，以每一分类与对照水平做比较，拟合 K 个广义 Logit 模型。比如，因变

---

① 尽管有很多人看不起描述性统计，但对做教育社会学研究尤其是用量化方法进行教育社会学研究的人来说，描述性统计仍然是很重要的。恰如谢宇在《社会学方法与定量研究》中所说："在没有很强的假定的条件下，能做的只是描述性的东西，我觉得这是很伟大、很重要的东西，否则我们什么也不知道。没有描述，我们就不知道你能活多长，你的生活状况怎么样，家庭质量怎么样，有多少小孩等等。"

量有 a、b、c 三个水平,如果以 a 为参照水平,就可以得到两个 Logistic 函数,一个是 b 与 a 相比,一个是 c 与 a 相比,这可以通过 SPSS 中的多元逻辑回归过程来实现。

三、地域结构对高等教育分流流层结构的影响

在我国,由于城乡二元体制的存在,城乡之间存在着巨大的结构性差异,因此,城乡结构是地域结构最为重要的方面。除此之外,各个省、自治区和直辖市的社会政治、经济、文化等方面发展极不均衡,即使在同一个省、自治区或直辖市,不同地区之间的社会政治、经济、文化等方面的发展也极不均衡,因此,地域结构又包含着省际、地区间结构的意涵。本部分将重点考察城乡结构对高等教育分流流层结构的影响,兼顾省际、地区之间的差异对高等教育分流流层结构的影响。

早在 20 世纪 90 年代初期,地域结构对高等教育分流流层结构的影响就已经引起了部分研究者的注意,他们进行了一些实证性调查。其中较有代表性的是谢维和等受世界银行和教育部财政司的委托所做的调查,该调查于 1998 年 4 月对全国 37 所高等院校 94 级和 97 级的学生进行了一次大规模的抽样调查,样本规模高达 69 258 份。部分调查结果见表 3-3①:

表 3-3 不同层次的高等学校类型与学生家庭所在地的比例分布表(单位/%)

类别	农村		乡镇		县级市		城市	
	97 级	94 级	97 级	94 级	97 级	94 级	97 级	94 级
国家重点院校	25.2	28.7	11.5	10.5	19.4	20.6	43.9	40.2
	26.8		11.0		19.9		42.3	

---

① 资料来源:谢维和,曾雪莲.高等教育公平性的调查与研究报告[M]//曾满超.教育政策的经济分析.北京:人民教育出版社,2000:264.

续表

类别	农村		乡镇		县级市		城市	
	97级	94级	97级	94级	97级	94级	97级	94级
一般重点院校	34.5	39.3	12.2	10.7	22.8	18.1	30.5	32.0
	36.2		11.7		21.1		31.0	
普通高等院校	29.2	27.2	10.7	12.8	18.6	17.2	41.5	42.9
	28.4		11.5		18.1		42.0	
地方高等院校	48.0	50.2	13.4	11.6	16.9	15.8	21.8	22.4
	48.7		12.8		16.5		22.0	
高校样本总体	35.1	36.4	12.1	11.1	19.6	18.3	33.2	34.2
	35.7		11.7		19.1		33.5	

如果把乡镇划入农村进行统计、县级市划入城市来进行统计，我们会发现：在国家重点院校中，94级学生中有39.2％的来自农村，60.8％来自城市；97级学生中有36.7％来自农村，63.3％来自城市；两个年级综合来看，37.8％来自农村，62.2％来自城市。在一般重点院校中，94级学生中有50％来自农村，50％来自城市；97级学生中46.7％来自农村，53.7％来自城市；两个年级综合来看，47.9％来自农村，52.1％来自城市。在普通高等院校中，94级学生中有40％来自农村，60％来自城市；97级学生中39.9％来自农村，60.1％来自城市；两个年级综合来看，39.9％来自农村，60.1％来自城市。在地方高等院校中，94级学生中有61.8％来自农村，38.2％来自城市；97级学生中61.4％来自农村，38.6％来自城市；两个年级综合来看，61.5％来自农村，38.5％来自城市。以上数据说明，在高等教育规模扩张以前，学生的家庭居住地即区域结构对高等教育分流的流层结构有很大的影响，农村学生在进入国家重点院校、一般重点院校和普通高等院校中都处于劣势，仅在地方高等院校中的比例高于城市学生。

高等教育规模扩张以后，我们所进行的关于城乡结构与高等教育分流流层结构的关系的调查中,二者的交叉分布情况如下(见表3-4)。

表3-4 城乡结构与高等教育分流流层结构的交叉分布表

学校		城市	农村	小计
普通本科院校	小计	297	659	956
	在学校中的占比	31.1%	68.9%	100.0%
	总占比	10.8%	24.0%	34.8%
211工程院校	小计	534	365	899
	在学校中的占比	59.4%	40.6%	100.0%
	总占比	19.4%	13.3%	32.7%
985工程院校	小计	491	400	891
	在学校中的占比	55.1%	44.9%	100.0%
	总占比	17.9%	14.6%	32.5%
总计	小计	1 322	1 424	2 746
	在学校中的占比	48.1%	51.9%	100.0%
	总占比	48.1%	51.9%	100.0%

通过表3-4可以看出,在普通本科院校中,城市学生占31.1%,农村学生占68.9%,来自农村的学生比例明显高于来自城市的学生,这可能与始于20世纪末的高等教育扩招的主体主要是普通本科院校有关;在211工程院校中,城市学生占59.4%,农村学生占40.6%,来自城市的学生比来自农村的学生高18.8个百分点;在985工程类院校中,城市学生占55.1%,农村学生占44.9%,来自城市的学生比来自农村的学生高10.2个百分点。在层次更高的211工程院校和985工程院校中,来自城市的学生比例都明显高于来自农村的学生比例。在城市学生中,22.5%的学生进入了普通本科院校,40.4%的学生进入了211工程院校,37.1%的学生进入了985工程院校;而在农村学生中,46.3%的学生进入了普通本科院校,25.6%的学生进入了211工程院校,28.1%

的学生进入了985工程院校。城市学生有接近80%进入了211工程院校和985工程院校,而农村学生则有接近一半进入了普通本科院校。城市学生在进入211工程院校和985工程院校等相对较高层级的院校方面优势明显。来自中国高等教育研究数据库的调查,与本调查的结果基本吻合。在其关于2001—2005级十一省市大学生背景简况的调查中,国家级重点高校中城市学生占54.4%,农村学生占45.6%;普通本科院校中城市学生占45%,农村学生占55%。①

通过独立样本t检验发现,城乡学生在进入高等院校方面存在着极其显著性差异($t=10.751$; $p=0.000<0.01$)。而多元逻辑回归的结果(见表3-5)表明,普通本科院校与985工程院校相比,来自农村的学生比来自城市的学生进入普通本科院校的可能性大得多($\chi^2=106.563$, $p=0.000<0.05$),而进入985院校的可能性小得多;211工程院校与985工程院校相比,来自农村的学生和来自城市的学生在进入211工程院校方面的可能性没有差别($p=0.067>0.05$)。由此可见,农村学生与城市学生相比,其进入普通本科院校的可能性更大,而进入211工程院校和985工程院校的比例要小得多。这与描述性统计的结果是相符合的。

表3-5 地域结构与高等教育分流流层结构关系的回归分析表

学校(a)		B	标准误	Wald	df	Sig.	Exp(B)	95%置信区间(B)	
								下限	上限
普通本科院校	截距	−0.503	0.074	46.768	1	0.000			
	农村	1.002	0.097	106.563	1	0.000	2.724	2.252	3.294
	城市	0(b)	0	0	0	0	0	0	0

---

① 数据来源于中国高等教育研究数据库,网址:http//www.hedb.xmu.edu.cn.

续表

学校(a)		B	标准误	Wald	df	Sig.	Exp(B)	95% 置信区间(B)	
								下限	上限
211 工程院校	截距	0.084	0.063	1.803	1	0.179			
	农村	−0.176	0.096	3.367	1	0.067	0.839	0.696	1.012
	城市	0(b)	0	0	0	0	0	0	0

a. 此处学校为 985 工程院校。
b. 此处参数设置为 0,因为该参数是冗余的。

由上面的分析可以看出,城乡结构对高等教育分流流层结构仍然存在着较大影响,来自城市的学生在进入 211 工程院校和 985 工程院校等高层级院校方面仍然占有较大优势,与高等教育规模扩张之前的情况是比较类似的。这与假设 1 是相吻合的,从一个方面证明了假设 1。

教育部关于招生计划的行政分配模式,使得所处省份和地区也成为影响高等教育分流流层结构的一个重要因素。乔锦忠在《优质高等教育入学机会分布的区域差异》一文中,通过测算中央部属高等院校入学机会的理论比例和实际比例,分析了 2006 年 31 个省、市、自治区学生在进入部属高等院校方面的差异,发现从相对公平指数来看,西部人口较少的民族省区相对最有优势,其次为直辖市,入学机会最不利的是人口大省和中部省区,其中上海和河南是部属高校高考录取率最高和最低的两个省份。[①] 这也从另一个侧面证实了假设 1,即地域结构对高等教育分流流层结构有较大影响。

四、性别结构对高等教育分流流层结构的影响

性别结构是社会结构的一个重要面向。考察性别结构对高等教育分流流层结构的影响,主要是通过考察在不同类型高等院校中男女学

---

① 乔锦忠.优质高等教育入学机会分布的区域差异[J].北京师范大学学报(人文社科版),2007(1).

生的比例来进行。在本部分,我们仍然以谢维和、曾雪莲的研究作为比较的基点,并运用调查所得结果来分析性别结构对高等教育分流流层结构的影响,以及这种影响在高等教育规模扩张之后是否发生变化。

谢维和和曾雪莲在1998年的调查中发现:在国家重点高等院校中,94级学生的男女比例为63.4∶36.6;97级男女学生的比例为60.4∶39.6;97级男生比94级的比例下降3个百分点,女生上升3个百分点;两个年级综合起来看,男女学生的比例为61.8∶38.2。在一般重点院校中,94级学生的男女比例为57.8∶42.2;97级学生的男女比例为57.3∶42.7,97级和94级相比,男生下降0.5个百分点,而女生上升0.5个百分点;两个年级综合来看,男女学生的比例为57.5∶42.5。与国家重点院校相比,无论是94级、97级还是两个年级综合来看,一般重点院校学生的性别差异都小于国家重点院校。在普通高等院校中,94级学生中男女学生比例为58.7∶41.3;97级学生中男女学生比例为56.9∶43.1;两个年级的差距缩小了1.8个百分点,从两个年级综合来看,男女生的比例为57.6∶42.4,与一般重点院校情况基本相同。在地方高等院校中,94级学生中男女生的比例为60.0∶40.4,97级学生中男女生的比例为56.5∶43.5,两个年级的差距缩小了3.5个百分点;从两个年级综合来看,男女生的比例为57.7∶42.3,与一般重点院校和普通高等院校情况基本相同。从横向角度来看,无论是在94级还是在97级,无论哪种类型的高校,男生比例都高于女性比例,其中又以国家重点院校中男女生比例的差异最大;从纵向角度来看,97级与94级相比,四种类型的学校中,男生比例都在下降,女生比例都在上升,其中又以国家重点院校和地方高等院校中的变化最大,趋势最为明显。① (详见表3-6)

---

① 谢维和,曾雪莲.高等教育公平性的调查与研究报告[M]//曾满超.教育政策的经济分析.北京:人民教育出版社,2000:260-262.

表 3-6 高等学校类型与学生性别的比例分布表

类别	男生		女生	
	97级	94级	97级	94级
国家重点院校	60.4	63.4	39.6	36.6
	61.8		38.2	
一般重点院校	57.3	57.8	42.7	42.2
	57.5		42.5	
普通高等院校	56.9	58.7	43.1	41.3
	57.6		42.4	
地方高等院校	56.5	60.0	43.5	40.0
	57.7		42.3	
高校样本总体	57.9	60.4	42.1	39.6
	58.9		41.1	

中国高等教育研究数据库提供的数据表明，2001—2005级大学生中，在部属重点院校方面男女生之比为61.7∶38.3，两者之间的差距与94级学生相比下降1.7个百分点，但比97级学生上升了1.3个百分点。这说明，在国家重点高校方面，尽管男女生之比有所变化，但二者之间的差距仍很明显，性别仍然是导致高等教育分流流层结构的一个重要因素。刘云杉对北京大学的研究也证明了这一点，尽管女生进入北京大学的比例有所上升，取得了"有限的进步"，2000年以后已经可以基本上维持在44%左右，但仍然落后男性12个百分点左右。① 而在普通本科院校方面，中国高等教育研究数据库所提供的数据表明，女生比例已经超过男生，性别比例有所倒转。

对2006级学生的调查结果见表3-7：

---

① 刘云杉.女性进入精英集体：有限的进步[J].高等教育,2008(6).

表 3-7 不同类型高校中男女生频数分布表

性别		学校			总计
		普通本科院校	211工程院校	985工程院校	
男	人数	531	372	642	1 545
	在男生中占比	34.4%	24.1%	41.5%	100.0%
	在该类型学校中占比	55.5%	41.4%	72.1%	56.3%
女	人数	425	527	249	1 201
	在女生中占比	35.4%	43.9%	20.7%	100.0%
	在该类型学校中占比	44.5%	58.6%	27.9%	43.7%
总计	人数	956	899	891	2 746
	占总数比例	34.8%	32.7%	32.5%	100.0%
	在该类型学校中占比	100.0%	100.0%	100.0%	100.0%

由表3-7可知，在男生中，34.4%进入了普通本科院校，24.1%进入了211工程院校，41.5%进入了985工程院校，也就是说男生更多的进入了普通本科院校和985工程院校；而在女生中，35.4%进入了普通本科院校，43.9%进入了211工程院校，20.7%进入了985工程院校，女生更多的进入了普通本科院校和211工程院校，进入985工程院校的比例较低。同时，在普通本科院校中，男生占55.5%，女生占44.5%；在211工程院校中，男生占41.4%，女生占58.6%；在985工程院校中，男生占72.1%，女生占27.9%。这说明，性别结构对高等教育层级分流影响的主要特点是在普通高等院校和985工程院校方面偏向于男生，而女生在211工程院校方面已经赶上甚至超过男生。

由于对高校类型的划分不同，无法对这三项调查进行直接比较，但仍可以发现，在高等教育规模扩张之前与之后，性别对高等教育分流的流层结构都有重要影响，但随着高等教育规模扩展的持续进行，性别结构在高等教育分流方面的影响出现减弱的迹象。随着高等教育规模的扩张，女生在一般高等院校甚至是211工程院校方面已经开始赶超男生，而在像985工程院校等部属重点院校方面,二者的差距未见缩小,甚至有所增大。这与假设2基本吻合但又有所出入,性别结构对高等教育分流流层结构仍然有重要的影响,这种影响在部属重点高校方面表现最为明显,而在其他高校方面,随着高等教育规模扩张的进行,影响开始不断减弱。

五、阶层结构对高等教育分流流层结构的影响

阶层结构也是影响高等教育分流流层结构的一个重要因素,而且近年来,这种影响有进一步扩大的趋势。① 在前期的相关研究中,阶层结构主要被操作化为父母亲的职业结构,后续的研究则逐渐增加了父母亲的受教育程度面向。

谢维和和曾雪莲把学生父母亲的职业分为国家机关干部、专业技术人员、企业管理人员、个体工商业者、工人、农民、军人和其他八个类别,并考察了不同类型高校中94级和97级学生的入学情况,详见表3-8:

表3-8 高等学校类型与学生父母亲职业的比例分布表(单位/%)

	国家机关干部	专业技术人员	企业管理人员	个体工商业者	工人	农民	军人	其他
国家重点院校	14.4	16.4	10.3	3.7	23.1	21.8	0.8	9.5
一般重点院校	12.6	14.4	8.9	5.0	19.5	30.8	0.5	8.3
普通高等院校	9.7	12.0	8.2	3.5	23.4	29.8	0.8	12.6
地方高等院校	9.5	7.1	6.0	5.6	17.2	45.6	0.6	8.4
高校样本总体	11.7	12.7	8.4	4.4	20.8	31.4	0.7	9.9

由表3-8可以看出,国家重点高校的学生家长职业按比例大小的顺序排列为:工人23.1%,农民21.8%,专业技术人员16.4%,国家机关干部14.4%,企业管理人员10.3%,其他9.5%,个体工商业者3.7%,军

---

① 杨东平.高等教育入学机会:扩大之中的阶层差异[J].清华大学教育研究,2006(1).

人 0.8%。一般重点院校的学生家长职业按比例大小的顺序排列为：农民 30.8%，工人 19.5%，专业技术人员 14.4%，国家机关干部 12.6%，企业管理人员 8.9%，其他 8.3%，个体工商业者 5.0%，军人 0.5%。普通高等院校的学生家长职业按比例顺序排列为：农民 29.8%，工人 23.4%，其他 12.6%，专业技术人员 12.0%，国家机关干部 9.7%，企业管理人员 8.2%，个体工商业者 3.5%，军人 0.8%。地方高等院校的学生家长职业按比例顺序排列为：农民 45.6%，工人 17.2%，国家机关干部 9.5%，其他 8.4%，专业技术人员 7.1%，企业管理人员 6.0%，个体工商业者 5.6%，军人 0.6%。在不考虑"其他"家长职业的情况下，学生家长职业为国家机关干部、专业技术人员和企业管理人员者，随着高校层次的下降，其入学机会也呈现下降的趋势；而家长职业为农民的学生，随着高校层次的下降，其入学机会基本上呈上升趋势，在地方高等院校中占五分之二还多；家长职业为工人的情况也基本类似。这说明，随着高校层次的提升，国家机关干部、专业技术人员和企业管理人员的子女，其入学比例逐渐升高，而农民和工人阶层的子女，其入学比例逐渐降低。从年级对比上来看，上述差距还有拉大的趋势。[1]

谢作栩等人在考察不同阶层子女的入学机会时，引入了高等教育入学机会阶层辈出率的概念，对不同阶层子女的入学机会差异进行了分析，同时丰富了阶层结构的内涵，除父亲职业外，还增加了父母亲的受教育程度。他们对 2001—2005 级学生的抽样调查显示[2]：

（1）以学生家庭所处社会阶层为维度进行分析，发现在部属重点高校中，"国家与社会管理者、经理人员、私营企业主和专业技术人员"

---

[1] 谢维和，曾雪莲.高等教育公平性的调查与研究报告[M]//曾满超.教育政策的经济分析.北京：人民教育出版社，2000：266-268.
[2] 谢作栩，王伟宜.高等教育大众化视野下我国社会各阶层子女高等教育入学机会差异的研究[J].教育学报，2006(2).

这四个社会较高阶层家庭的辈出率为 2.71—5.34,约为平均数 1 的 3—5 倍。办事人员阶层的辈出率接近 1,个体工商户阶层的辈出率略高于 1,为 1.46。而"商业服务业员工,产业工人,农业劳动者和城乡无业、失业、半失业者"这四个社会较低阶层家庭的辈出率则远低于平均数 1。其中高低阶层辈出率的最大差距约为 18 倍。而在公办普通本科院校中,其各阶层辈出率的差异情况基本上类似于部属重点高校辈出率的分布情况。所不同的是,相对部属重点高校辈出率而言,国家与社会管理者、经理人员、私营企业主、专业技术人员和办事人员这五个阶层的辈出率都有不同程度的下降,而与此同时,个体工商户,商业服务业员工,产业工人和城乡无业、失业、半失业者这四个阶层的辈出率则有所上升(农业劳动者阶层辈出率变化甚微)。这表明,在公办普通本科院校中,不同社会阶层子女的入学机会差异在逐步缩小,其中,高低阶层辈出率的最大差距约为 8 倍。亦即社会优势阶层和劣势阶层在部属重点院校和公立普通本科院校的入学机会中都存在着差异,社会优势阶层在高等教育入学机会方面优势明显;但随着高校类型层级的下降,社会优势阶层的入学机会优势也开始下降,而社会劣势阶层的入学机会有所改善。

(2)在父亲受教育程度与其子女的高等教育入学机会方面,无论是部属重点高校还是公立普通本科院校,其子女的高等教育入学机会辈出率都随着父亲受教育程度的提高而大幅度增加,而其又以高中或中专为分界点;部属重点高校与公立普通本科院校相比,父亲受教育程度不同的子女在入学机会辈出率方面差距更大。在部属重点高校方面,父亲受教育程度为小学及以下、初中、高中或中专、大专及以上者,其辈出率分别为 0.34、0.75、2.25、5.58;在公立普通本科院校方面,父亲受教育程度为小学及以下、初中、高中或中专、大专及以上者,其辈出率分别为 0.4、0.86、2.51、3.15。

(3)在母亲受教育程度与其子女的高等教育入学机会方面,情况与父亲受教育程度与子女高等教育入学机会的情况基本一致,但分界线变为初中,母亲为初中及以上学历者辈出率都大于1,而母亲为小学及以下学历者辈出率则小于1。在部属重点高校中,母亲受教育程度为小学及以下、初中、高中或中专、大专及以上者,其辈出率分别为0.44、1.16、3.20、7.20;在公立普通本科院校方面,母亲受教育程度为小学及以下、初中、高中或中专、大专及以上者,其辈出率分别为0.54、1.31、2.97、3.12。

尽管以上两个研究在高校分类、阶层划分和统计方法方面都有所不同,不能进行直接比较,但是仍然能够清晰地看出,社会优势阶层在不同类型的高校入学机会方面都占有优势,而且随着高校类型层级的提高,社会优势阶层的入学机会优势也更加明显。除此之外,随着父母亲受教育程度的提高,学生在较高类型高校的入学机会优势也更加明显。这说明阶层结构对高等教育分流流层结构有重要影响。

我们的调查在谢作栩等人调查的基础上,又对阶层结构的内涵进行了丰富,增加了父母亲的工作单位这一变量,原因在于尽管我国当前已经开始进入"后单位"时代,但单位在社会资源配置方面的作用仍然不可忽视。这样能够帮助我们更全面地了解阶层结构对高等教育分流流层结构的影响。具体调查结果如下:

1. 父亲职业对高等教育分流流层结构的影响

我们首先通过考察父亲职业不同的学生在各类高校中的频数分布情况来分析这一影响,详见表3-9:

表3-9 父亲职业不同的学生在各类高校中的频数分布表

父亲职业		普通本科院校	211工程院校	985工程院校	总计
国家与社会管理者	人数	37	88	92	217
	学生占比	17.1%	40.5%	42.4%	100.0%
	在学校中的占比	3.9%	9.8%	10.3%	7.9%

续表

父亲职业		普通本科院校	211工程院校	985工程院校	总计
经理人员	人数	35	71	64	170
	学生占比	20.6%	41.8%	37.6%	100.0%
	在学校中的占比	3.7%	7.9%	7.2%	6.2%
私营企业主	人数	28	42	46	116
	学生占比	24.1%	36.2%	39.7%	100.0%
	在学校中的占比	2.9%	4.7%	5.2%	4.2%
专业技术人员	人数	74	123	129	326
	学生占比	22.7%	37.7%	39.6%	100.0%
	在学校中的占比	7.8%	13.7%	14.5%	11.9%
办事人员	人数	32	37	24	93
	学生占比	34.4%	39.8%	25.8%	100.0%
	在学校中的占比	3.4%	4.1%	2.7%	3.4%
个体工商户	人数	188	165	142	495
	学生占比	38.0%	33.3%	28.7%	100.0%
	在学校中的占比	19.7%	18.4%	16.0%	18.1%
商业服务业员工	人数	10	15	14	39
	学生占比	25.6%	38.5%	35.9%	100.0%
	在学校中的占比	1.0%	1.7%	1.6%	1.4%
产业工人	人数	143	149	121	413
	学生占比	34.6%	36.1%	29.3%	100.0%
	在学校中的占比	15.0%	16.6%	13.6%	15.1%
农业劳动者	人数	393	175	219	787
	学生占比	49.9%	22.2%	27.9%	100.0%
	在学校中的占比	41.2%	19.5%	24.6%	28.7%
城乡无业、失业或半失业人员	人数	5	23	21	49
	学生占比	10.2%	46.9%	42.9%	100.0%
	在学校中的占比	0.5%	2.6%	2.4%	1.8%

续表

父亲职业		普通本科院校	211工程院校	985工程院校	总计
其他	人数	9	11	17	37
	学生占比	24.3%	29.8%	45.9%	100.0%
	在学校中的占比	0.9%	1.2%	1.9%	1.3%
总计	人数	954	899	889	2742
	学生占比	34.8%	32.8%	32.4%	100.0%
	在学校中的占比	100.0%	100.0%	100.0%	100.0%

由表3-9可知，就父亲职业为国家与社会管理者的情况来看，17.1%的学生进入了普通本科院校，40.5%的学生进入了211工程院校，42.4%的学生进入了985工程院校。就父亲职业为经理人员的情况来看，20.6%的学生进入了普通本科院校，41.8%的学生进入了211工程院校，37.6%的学生进入了985工程院校。就父亲职业为私营企业主的情况来看，24.1%的学生进入了普通本科院校，36.2%的学生进入了211工程院校，39.7%的学生进入了985工程院校。就父亲职业为专业技术人员来看，22.7%进入了普通本科院校，37.7%的学生进入了211工程院校，39.6%的学生进入了985工程院校。就父亲职业为办事人员的情况来看，34.4%的学生进入了普通本科院校，39.8%的学生进入了211工程院校，25.8%的学生进入了985工程院校。就父亲职业为个体工商户的情况来看，38.0%的学生进入了普通本科院校，33.3%的学生进入了211工程院校，28.7%的学生进入了985工程院校。就父亲职业为商业服务业员工来看，25.6%的学生进入了普通本科院校，38.5%的学生进入了211工程院校，35.9%的学生进入了985工程院校。就父亲职业为产业工人的情况来看，34.6%的学生进入了普通本科院校，36.1%的学生进入了211工程院校，29.3%的学生进入了985工程院校。就父亲为农业劳动者的情况来看，49.9%的学生进

入了普通本科院校,22.2%的学生进入了211工程院校,27.9%的学生进入了985工程院校。就父亲职业为城乡无业、失业或半失业人员的情况来看,10.2%的学生进入了普通本科院校,46.9%的学生进入了211工程院校,42.9%的学生进入了985工程院校。

通过对父亲职业与三个不同层次院校之间的方差分析发现,父亲职业不同的子女在进入不同层次院校中存在着极其显著的差异。($F=12.629, p=0.000<0.01$)

为了更好地比较父亲职业不同对学生进入三个不同层次院校的影响,我们引入高等教育入学机会阶层辈出率来测算父亲职业不同的学生进入不同层次高校可能性的高低。高等教育入学机会阶层辈出率是指"某一社会阶层子女在大学生中的比例与该阶层人口占整个社会人口的比例之比"[①],计算公式为阶层A的辈出率=大学生中阶层A的子女所占比例/阶层A人口占整个社会人口的比例。辈出率为1时,说明该阶层的子女接受高等教育的机会与整个社会阶层的平均水平相同;辈出率小于1时,说明该阶层的子女接受高等教育的机会低于整个社会阶层的平均水平;辈出率大于1时,说明该阶层的子女接受高等教育的机会高于整个社会阶层的平均水平。父亲所处职业位置在不同层次高等教育中的高等教育入学机会阶层辈出率见表3-10:

表3-10 父亲所处职业位置在不同层次高等教育中的阶层辈出率

社会阶层	普通本科院	211工程院校	985工程院校
国家与社会管理者	1.86	4.67	4.90
经理人员	2.31	4.94	4.50
私营企业主	2.90	4.7	5.2

---

① 谢作栩,王伟宜.不同社会阶层子女高等教育入学机会差异的探讨:陕、闽、浙、沪部分高校调查[J].东南学术,2004(A1).

续表

社会阶层	普通本科院	211 工程院校	985 工程院校
专业技术人员	1.70	2.98	3.15
办事人员	0.47	0.57	0.38
个体户	2.77	2.59	2.25
商业服务业人员	0.09	0.15	0.14
产业工人	0.86	0.95	0.78
农业劳动者	0.96	0.45	0.57
城乡无业者、失业者或半失业者	0.10	0.54	0.50

由表 3-10 可知，国家与社会管理者阶层、经理人员阶层、私营企业主阶层、专业技术人员阶层以及个体工商户阶层的子女在各类高校中都有较高的阶层辈出率，而且随着高校层级的提高，其阶层辈出率的优势也更加明显。而办事人员阶层，商业服务业员工阶层，产业工人阶层，农民阶层和城乡无业、失业或半失业者阶层进入较高层次院校的机会远小于其所处阶层在整个社会人口中所占比例。在阶层结构中位置较高者获得进入更高层次院校的可能性要远远大于位置较低者，最大差距达到 20 倍以上。这与前面两项研究的结果是一致的。

同时，研究发现，在层次较高院校入学机会方面占有优势的阶层有这样几个特点：一是占有较多政治资本的阶层机会更多，比如国家与社会管理者阶层；二是占有较多经济资本的阶层机会较多，比如经理人员阶层、私营企业主阶层和个体户阶层，这与当前的市场化改革对经济的强调是密切相关的；三是文化资本占有较多者机会更多，比如专业技术人员阶层，毕竟文化资本在进入不同层次高等教育方面具有重要意义，占有较多文化资本者可以通过社会遗传的方式将其文化资本的优势传递给下一代,从而使其在强调文化资本的高等教育分流中占有较大优势。

2. 父亲工作单位对高等教育分流流层结构的影响

父亲工作单位不同的学生在各类高校中的频数分布情况见表3-11:

表3-11 父亲工作单位不同的学生在各类高校中的频数分布表

学校		父亲单位				合计
		企业	事业单位	政府部门	无	
普通本科院校	人数	451	56	45	400	952
	占比	31.3%	23.4%	22.4%	47.3%	34.9%
211工程院校	人数	526	83	82	200	891
	占比	36.6%	34.7%	40.8%	23.6%	32.7%
985工程院校	人数	462	100	74	246	882
	占比	32.1%	41.9%	36.8%	29.1%	32.4%
总计	人数	1 439	239	201	846	2 725
	占比	100.0%	100.0%	100.0%	100.0%	100.0%

由表3-11可知,父亲工作单位为企业的学生,31.3%进入了普通本科院校,36.6%进入了211工程院校,32.1%进入了985工程院校;父亲工作单位为事业单位的学生,23.4%进入了普通本科院校,34.7%进入了211工程院校,41.9%进入了985工程院校;父亲工作单位为政府部门的学生,22.4%进入了普通本科院校,40.8%进入了211工程院校,36.8%进入了985工程院校;父亲没有工作单位的学生,47.3%进入了普通本科院校,23.6%进入了211工程院校,29.1%的学生进入了985工程院校。由以上数据可以发现:① 父亲没有工作单位的学生有接近一半进入了普通本科院校,分别比父亲工作单位为企业、事业单位和政府部门的学生高出16%、23.9%和24.4%,这说明父亲有无工作单

位对学生是否进入普通本科院校有较大影响,父亲没有工作单位者进入普通本科院校的可能性更大。② 如果以无单位、企业、事业单位、政府部门作为一个连续体的话,父亲单位越接近无单位这一端的学生进入普通本科院校的可能性越大,而越接近政府部门这一端的学生进入 211 工程院校和 985 工程院校的可能性越大。这说明在当前我国社会结构中,父亲有无工作单位及工作单位的性质对高等教育流层分流有较大的影响。

出现这样的结果有两个方面的原因:首先,一般来说,工作于政府部门和事业单位的人员,其文化水平较高,经济条件也相对较好,他们能够为子女的成长提供较好的文化资本和经济保障,从而使子女在进入较高层级的高等院校方面具有先天的优势。其次,处于"后单位"时代的中国,尽管单位在为其成员提供各种保障方面的作用有所减弱,但其作用仍然不能忽视,尤其是事业单位和政府部门的成员,由于他们在社会中获取和调动社会资源的能力更大,他们利用制度"黄灯"为自己谋利方面更具优势,而这是身处企业工作者和没有单位者所无法比拟的。

3. 父亲学历对高等教育分流流层结构的影响

父亲学历不同的学生在各类高校中的频数分布情况见表 3‐12:

表 3‐12 父亲学历不同的学生在各类高校中的频数分布表

父亲学历		学　校			合　计
		普通本科院校	211 工程院校	985 工程院校	
文盲	人数	26	18	22	66
	所占比例	39.4%	27.3%	33.3%	100.0%
小学	人数	101	62	87	250
	所占比例	40.4%	24.8%	34.8%	100.0%

续表

父亲学历		学　校			合　计
		普通本科院校	211工程院校	985工程院校	
初中	人数	351	184	193	728
	所占比例	48.2%	25.3%	26.5%	100.0%
高中或中专	人数	349	339	323	1011
	所占比例	34.5%	33.5%	32.0%	100.0%
专科	人数	48	101	74	223
	所占比例	21.5%	45.3%	33.2%	100.0%
本科	人数	66	168	150	384
	所占比例	17.2%	43.8%	39.0%	100.0%
研究生	人数	14	27	41	82
	所占比例	17.1%	32.9%	50.0%	100.0%
总计	人数	955	899	890	2744
	所占比例	34.8%	32.8%	32.4%	100.0%

通过表3-12可知，父亲为文盲的学生，39.4%进入了普通本科院校,27.3%进入了211工程院校,33.33%进入了985工程院校；父亲学历为小学的学生40.4%进入了普通本科院校,24.8%进入了211工程院校,34.8%进入了985工程院校；父亲学历为初中的学生,48.2%进入了普通本科院校,25.3%进入了211工程院校,26.5%进入了985工程院校；父亲学历为高中或中专的学生,34.5%进入了普通本科院校,33.5%进入了211工程院校,32.0%进入了985工程院校；父亲学历为专科的学生,21.5%进入了普通本科院校,45.3%进入了211工程院校,33.2%进入了985工程院校；父亲学历为本科者,17.2%进入了普通本科院校,43.8%进入了211工程院校,39.0%进入了985工程院校；父亲学历为研究生的学生,17.1%进入了普通本科院校,32.9%进入了

211工程院校,50.0%进入了985工程院校。

通过对父亲学历与高等教育的入学机会之间进行方差分析,发现父亲学历层次不同,其子女在不同层次高等教育入学机会方面存在极其显著性差异,其中$F=16.604,p=0.000<0.01$。

由上述数据发现:① 父亲学历在高中、中专及以下者,进入普通本科院校的可能性更大,其中父亲学历为初中的学生,有接近一半进入了普通本科院校,父亲学历为小学和文盲的有接近五分之二的学生进入了普通本科院校;而父亲学历在专科及以上者进入普通本科院校的可能性大大降低,父亲学历达到专科者超过五分之一,而父亲学历达到本科和研究生的学生则不足五分之一。② 在211工程院校方面,父亲学历在初中及以下者概率较小,均在四分之一左右;而父亲学历为高中或研究生的,超过三分之一,最高的为父亲学历达到专科和本科者,有接近一半的比例。③ 在985工程院校方面,父亲学历为研究生者比例最高,达到一半,而父亲为其他学历者都与之有较大差距,其中最高的——父亲学历为本科者,与父亲学历为研究生者也相差10.9个百分点,与比例最低的父亲学历为初中者,则相差23.5个百分点。④ 父亲学历不同,其子女进入不同层级高等教育院校的概率有较大差异,父亲学历越高,其子女进入普通本科院校的概率越小,而进入985工程院校的概率越大,其中父亲学历为初中者,有所例外。这与谢维和等人的研究结果是完全吻合的。

4. 母亲职业对高等教育分流流层结构的影响

母亲职业不同的学生在不同类型高等教育中的频数分布情况,见表3-13:

表3-13 母亲职业不同的学生在不同类型高等教育中的频数分布表

母亲职业		学 校			总 计
		普通本科院校	211工程院校	985工程院校	
国家与社会管理者	人数	21	33	32	86
	学生占比	24.4%	38.4%	37.2%	100.0%
	在学校中的占比	2.2%	3.7%	3.6%	3.1%
企业经理	人数	21	29	20	70
	学生占比	30.0%	41.4%	28.6%	100.0%
	在学校中的占比	2.2%	3.2%	2.2%	2.5%
私营企业主	人数	12	20	19	51
	学生占比	23.5%	39.2%	37.3%	100.0%
	在学校中的占比	1.3%	2.2%	2.1%	1.9%
专业技术人员	人数	41	104	144	289
	学生占比	14.2%	36.0%	49.8%	100.0%
	在学校中的占比	4.3%	11.6%	16.2%	10.5%
办事人员	人数	14	28	27	69
	学生占比	20.3%	40.6%	39.1%	100.0%
	在学校中的占比	1.5%	3.1%	3.0%	2.5%
个体工商户	人数	138	124	108	370
	学生占比	37.3%	33.5%	29.2%	100.0%
	在学校中的占比	14.4%	13.8%	12.1%	13.5%
商业服务业员工	人数	20	44	25	89
	学生占比	22.5%	49.4%	28.1%	100.0%
	在学校中的占比	2.1%	4.9%	2.8%	3.2%
产业工人	人数	98	158	109	365
	学生占比	26.8%	43.3%	29.9%	100.0%
	在学校中的占比	10.3%	17.6%	12.2%	13.3%

续表

母亲职业		学校			总计
		普通本科院校	211工程院校	985工程院校	
农业劳动者	人数	482	205	246	933
	学生占比	51.7%	22.0%	26.3%	100.0%
	在学校中的占比	50.4%	22.8%	27.6%	34.0%
城乡无业、失业或半失业人员	人数	103	143	144	390
	学生占比	26.4%	36.7%	36.9%	100.0%
	在学校中的占比	10.8%	15.9%	16.2%	14.2%
其他	人数	6	11	17	34
	学生占比	17.6%	32.4%	50.0%	100.0%
	在学校中的占比	0.6%	1.2%	1.9%	1.2%
总计	人数	956	899	891	2 746
	学生占比	34.8%	32.7%	32.5%	100.0%
	在学校中的占比	100.0%	100.0%	100.0%	100.0%

就母亲职业为国家与社会管理人员的情况来看，24.4%的学生进入了普通本科院校，38.4%的学生进入了211工程院校，37.2%的学生进入了985工程院校。就母亲职业为经理人员的情况来看，30.0%的学生进入了普通本科院校，41.4%的学生进入了211工程院校，28.6%的学生进入了985工程院校。就母亲职业为私营企业主的情况来看，23.5%的学生进入了普通本科院校，39.2%的学生进入了211工程院校，37.3%的学生进入了985工程院校。就母亲职业为专业技术人员来看，14.2%进入了普通本科院校，36%的学生进入了211工程院校，49.8%的学生进入了985工程院校。就母亲职业为办事人员的情况来看，20.3%的学生进入了普通本科院校，40.6%的学生进入了211工程院校，39.1%的学生进入了985工程院校。就母亲职业为个体工商户

的情况来看,37.3%的学生进入了普通本科院校,33.5%的学生进入了211工程院校,29.2%的学生进入了985工程院校。就母亲职业为商业服务业员工来看,22.5%的学生进入了普通本科院校,49.4%的学生进入了211工程院校,28.1%的学生进入了985工程院校。就母亲职业为产业工人的情况来看,26.8%的学生进入了普通本科院校,43.3%的学生进入了211工程院校,29.9%的学生进入了985工程院校。就母亲为农业劳动者的情况来看,51.7%的学生进入了普通本科院校,22%的学生进入了211工程院校,26.3%的学生进入了985工程院校。就母亲职业为城乡无业、失业或半失业人员的情况来看,26.4%进入了普通本科院校,36.7%进入了211工程院校,36.9%进入了985工程院校。

其中,在普通本科院校方面,母亲职业为农民的学生进入的概率最大,达到一半以上,而母亲职业为专业技术人员的学生进入的概率最小,仅为十分之一左右;在211工程院校方面,母亲职业为商业服务业员工的学生进入的概率最大,接近一半,母亲职业为国家与社会管理人员、经理人员、私营企业主、办事人员、产业工人等的学生进入的概率也在五分之二左右,母亲职业为农业劳动者的最少,仅有五分之一左右;在985工程院校方面,母亲职业为专业技术人员的学生进入的概率最大,接近一半,母亲职业为农业劳动者的学生进入的概率最小,仅有四分之一左右。

通过对母亲职业在入学机会方面的方差分析发现,母亲职业不同的学生在入学机会方面有极其显著性差异($F=17.438, p=0.000<0.01$)。

同时,我们也以母亲职业为依据测算了不同层级高等教育入学机会阶层辈出率情况,发现情况与以父亲职业为标准测算的高等教育入学机会阶层辈出率情况基本相同,只在城乡无业、失业或半失业者方面有较大差异,父亲职业为城乡无业、失业或半失业者,其阶层辈出率分别为普通本科院校 0.10、211 工程院校 0.54、985 工程院校 0.50,在各个层级的高等教育入学机会方面都处于劣势;而母亲职业为城乡无业、失业或半失业者,其阶层辈出率则分别为普通本科院校 2.25、211 工程院校 3.31、985 工程院校 3.38。这是值得我们注意的现象,出现这一现象的原因可能是这一部分母亲没有工作,从而有更多时间、精力等花在学生身上,同时由于遭受失业之苦,向上流动的意愿极为强烈,对其子女要求极为严格,其子女也较为努力,故在各层级高校中都能够有较高的阶层辈出率。以母亲职业测算的不同层级高等教育入学机会阶层辈出率情况见表 3-14:

表 3-14 以母亲职业测算的不同层级高等教育入学机会阶层辈出率

社会阶层	普通本科院	211 工程院校	985 工程院校
国家与社会管理者	1.05	1.76	1.71
经理人员	1.38	2.0	1.38
私营企业主	1.3	2.2	2.1
专业技术人员	0.93	2.52	3.52
办事人员	0.21	0.43	0.42
个体工商户	2.03	1.94	1.70
商业服务业人员	0.19	0.44	0.25
产业工人	0.59	1.01	0.70
农业劳动者	1.17	0.53	0.64
城乡无业者、失业者及半失业者	2.25	3.31	3.38

5. 母亲工作单位对高等教育分流流层结构的影响

母亲工作单位不同的学生在不同类型的高等院校中的频数分布情况,见表 3-15:

表 3-15 母亲工作单位不同的学生在不同类型的高等院校中的频数表

学校		母亲单位				总计
		企业	事业单位	政府部门	无	
普通本科院校	人数	314	30	21	590	955
	在学校中的占比	32.9%	3.1%	2.2%	61.8%	100.0%
	在母亲单位中的占比	29.2%	13.2%	22.3%	44.1%	34.9%
211工程院校	人数	424	85	33	352	894
	在学校中的占比	47.4%	9.5%	3.7%	39.4%	100.0%
	在母亲单位中的占比	39.5%	37.4%	35.1%	26.3%	32.7%
985工程院校	人数	336	112	40	396	884
	在学校中的占比	38.0%	12.7%	4.5%	44.8%	100.0%
	在母亲单位中的占比	31.3%	49.4%	42.6%	29.6%	32.3%
总计	人数	1 074	227	94	1 338	2 733
	在学校中的占比	39.3%	8.3%	3.4%	49.0%	100.0%
	在母亲单位中的占比	100.0%	100.0%	100.0%	100.0%	100.0%

由表 3-15 可知,母亲在企业工作的学生,29.2%进入了普通本科院校,39.5%进入了 211 工程院校,31.3%进入了 985 工程院校;母亲在事业单位工作的学生,13.2%进入了普通本科院校,37.4%进入了 211 工程院校,49.4%进入了 985 工程院校;母亲在政府部门工作的学生,22.3%进入了普通本科院校,35.1%进入了 211 工程院校,42.6%进入了 985 工程院校;母亲没有工作单位的学生,44.1%进入了普通本科院校,26.3%进入了 211 工程院校,29.6%进入了 985 工程院校。通过这组数据可以发现,母亲有无工作单位及工作单位的性质对学生进入不

同层级的高等院校有较大影响:① 母亲没有工作单位的学生进入普通本科院校的比例最高,而进入 211 工程院校和 985 工程院校的比例最低;② 母亲工作单位为企业的学生,进入 211 工程院校的可能性最大;③ 母亲工作单位为政府部门及事业单位的学生进入 985 工程院校的可能性最大,进入普通本科院校的可能性最小;④ 母亲工作单位为事业单位者比政府部门者在进入 985 工程院校的概率大,进入普通本科院校的概率则小。这与父亲工作单位对高等教育分流流层结构的影响是有差异的。

父母亲工作单位的交叉情况揭示出了这一结果得以出现的原因,通过分析调查数据发现,学生母亲在事业单位工作者,其父亲工作单位为企业的占 26.8%,事业单位的占 50.9%,政府部门的占 18.8%,没有工作单位的占 3.5%。母亲在政府部门工作者,其父亲工作单位为企业的占 37.2%,事业单位的占 10.6%,政府部门的占 50.1%,没有单位的占 2.1%。也就是说,母亲在事业单位和政府部门工作的学生,其父亲在事业单位和政府部门工作的比例达三分之二以上,而且母亲在事业单位工作的学生,其父亲在事业单位和政府部门工作的比例高达 70%以上,高于其母亲在政府部门工作的学生十个百分点左右。父母亲较好工作单位的高度重合性,使其子女在进入 985 高校方面的优势极其明显,而且重合度越高,优势越明显。

6. 母亲学历对高等教育分流流层结构的影响

相对于父亲而言,"母亲的文化资源优势尤其优势文化资源代际传递性更强,从而对子女的入学机会影响也更大"[1]。因此,考察母亲学历对高等教育分流流层结构的影响是很有必要的。母亲学历不同的学

---

[1] 谢作栩,王伟宜.高等教育大众化视野下我国社会各阶层子女高等教育入学机会差异的研究[J].教育学报,2006(2).

生在不同类型高校中的频数分布情况如表3－16所示：

表3－16 母亲学历不同的学生在不同类型高校中的频数分布表

学校		母亲学历							总计
		文盲	小学	初中	高中或中专	专科	本科	研究生	
普通本科院校	人数	79	232	368	195	43	34	5	956
	在学校中的占比	8.3%	24.2%	38.5%	20.4%	4.5%	3.6%	0.5%	100.0%
	在母亲学历中的占比	48.5%	51.0%	42.9%	24.8%	20.5%	14.8%	11.6%	34.8%
211工程院校	人数	45	102	245	315	80	98	14	899
	在学校中的占比	5.0%	11.3%	27.3%	35.0%	8.9%	10.9%	1.6%	100.0%
	在母亲学历中的占比	27.6%	22.4%	28.6%	40.0%	38.1%	42.6%	32.6%	32.7%
985工程院校	人数	39	121	245	277	87	98	24	891
	在学校中的占比	4.4%	13.6%	27.5%	31.1%	9.7%	11.0%	2.7%	100.0%
	在母亲学历中的占比	23.9%	26.6%	28.6%	35.2%	41.4%	42.6%	55.8%	32.4%
总计	人数	163	455	858	787	210	230	43	2 746
	在学校中的占比	5.9%	16.6%	31.2%	28.7%	7.6%	8.4%	1.6%	100.0%
	在母亲学历中的占比	100.0%	100.0%	100.0%	100.0%	100.0%	100.0%	100.0%	100.0%

由表3－16可见，母亲学历为文盲的学生，48.5%进入了普通本科院校，27.6%进入了211工程院校，23.9%进入了985工程院校；母亲学历为小学的学生，51.0%进入了普通本科院校，22.4%进入了211工程院校，26.6%进入了985工程院校；母亲学历为初中的学生，42.8%进入了普通本科院校，28.6%进入了211工程院校，28.6%进入了985工程院校；母亲学历为高中或中专的学生，24.8%进入了普通本科院校，

40.0%进入了211工程院校,35.2%进入了985工程院校;母亲学历为专科的学生,20.5%进入了普通本科院校,38.1%进入了211工程院校,41.4%进入了985工程院校;母亲学历为本科的学生,14.8%进入了普通本科院校,42.6%进入了211工程院校,42.6%进入了985工程院校,母亲学历为研究生的学生,11.6%的学生进入了普通本科院校,32.6%进入了211工程院校,55.8%进入了985工程院校。从这组数据中大体上可以看出,母亲学历越高,进入211工程院校和985工程院校的可能性就越大,而母亲学历越低,进入普通本科院校的可能性就越大。

为了检验进入不同层级高等院校的学生是否会因母亲的学历不同而有所差异,我们进行了方差分析,发现母亲学历不同,学生进入不同层级的学校有显著性差异($F=25.313, p=0.000<0.01$)。

为了对这种差异进行详细的分析,我们又对母亲学历和学校层级进行了回归分析(以进入985工程院校为参照),结果详见表3-17:

表3-17 母亲学历不同的学生进入不同类型高校的多元逻辑回归分析表

学校(a)		B	标准误	Wald	df	Sig.	Exp(B)	95% 置信区间(B)	
								下限	上限
普通本科院校	截距	−1.569	0.492	10.182	1	0.001			
	文盲	2.275	0.529	18.479	1	0.000	9.723	3.447	27.428
	小学	2.220	0.504	19.377	1	0.000	9.203	3.426	24.725
	初中	1.975	0.498	15.706	1	0.000	7.210	2.714	19.152
	高中或中专	1.218	0.500	5.921	1	0.015	3.379	1.267	9.010
	专科	0.864	0.526	2.700	1	0.100	2.372	0.847	6.648
	本科	0.510	0.530	0.925	1	0.336	1.665	0.589	4.709
	研究生	0(b)	0	0	0	0	0	0	0

续表

学校(a)		B	标准误	Wald	df	Sig.	Exp(B)	95% 置信区间(B)	
								下限	上限
211工程学校	截距	−0.539	0.336	2.569	1	0.109			
	文盲	0.682	0.401	2.891	1	0.089	1.978	0.901	4.342
	小学	0.368	0.362	1.033	1	0.309	1.445	0.711	2.939
	初中	0.539	0.348	2.396	1	0.122	1.714	0.866	3.392
	高中或中专	0.668	0.346	3.717	1	0.054	1.949	0.989	3.843
	专科	0.455	0.370	1.511	1	0.219	1.576	0.763	3.257
	本科	0.539	0.365	2.176	1	0.140	1.714	0.838	3.508
	研究生	0(b)	0	0	0	0	0	0	0

a. 此处学校为985工程院校。
b. 此处参数设置为0,因为该参数是冗余的。

通过回归结果发现:① 在进入普通本科院校方面,母亲学历的不同,学生进入的比例也有显著性的差异,相对于母亲学历是研究生的学生来说,母亲学历越低,进入普通本科院校的概率越大,母亲学历为高中及中专以下的学生比以上的学生进入的概率明显增大。其中母亲学历为小学的学生,进入普通本科院校的概率最大,是母亲学历为本科生的学生的20.95倍,是母亲学历为专科生的7.18倍,是母亲学历为高中或中专学生的3.27倍。母亲为文盲的学生是母亲学历分别为本科生、专科生和高中或中专生的19.45倍、6.84倍和3.12倍。② 与进入985工程院校相比,相对于母亲学历为研究生来说,母亲学历不同对学生进入211工程院校没有显著性差异。这与谢作栩等人的研究也是相吻合的。

六、研究结论:社会结构因素影响高等教育分流流层结构的主要表现

从上面的分析中,可以得出如下研究结论:随着社会的现代转型,

学术标准成为高等教育分流的首要与核心标准，但是社会结构因素仍然在很大程度上影响并作用于高等教育分流的流层结构；而且，高等教育的规模扩张，在带来高等教育机会增多的同时，社会结构因素的影响并没有削弱甚至消失，在某些方面甚至还有不断增强的趋势。具体说来，社会结构因素对高等教育分流流层结构的影响表现在以下几个方面。

第一，地域结构因素对高等教育分流流层结构的影响持续存在，甚至有不断增强的趋势。这表现在：一方面城乡结构在很大程度上影响了高等教育分流的流层结构，来自农村的学生更多地进入了普通本科院校和地方高等院校，而来自城市的学生则更多地进入了211工程院校和985工程院校等重点院校，而且重点高校中来自农村的学生比例出现下降趋势，这说明城乡结构对高等教育分流流层结构的影响有所加强；另一方面，由于省际高等教育资源的不均衡以及招生计划的行政分配性质，这种地域间的结构也大大影响着高等教育分流的流层结构，高等教育资源尤其是优质高等教育资源丰富的省份，其学生也获得更多进入重点高等院校的机会。

第二，性别结构因素对高等教育分流流层结构的影响仍然持续存在，但有所削弱。通过实证分析发现，性别结构对高等教育分流流层结构的影响尽管仍然存在，但出现了削弱的迹象，在普通本科院校甚至211工程院校方面，入学机会的性别差异已经很小，女生甚至有超过男生的趋势；但在985工程院校方面，女生仍然处于劣势，但也取得了"有限的进步"。

第三，社会阶层结构因素对高等教育分流流层结构的影响仍然持续存在，而且影响不但没有削弱，反而越来越大。根据实证结果，我们可以从六个方面来进行分析。

（1）从父亲职业对高等教育分流流层结构的影响来看，拥有较多政治资本、经济资本或文化资本的国家与社会管理者阶层、经理人员阶层、私营企业主阶层、专业技术人员阶层以及个体工商户阶层的子女,在各类高校中都有着较高的阶层辈出率,而且随着高校层级的提高,其优势也更加明显;而缺乏上述三类资本的办事人员阶层、商业服务业员工阶层、产业工人阶层、农业劳动者阶层等社会中下层人员的子女,尽管随着高等教育的规模扩张,其入学机会有所增加,但劣势仍然明显,尤其是在重点高校方面,与社会中上阶层的差距有不断扩大的趋势。

(2) 从父亲工作单位对高等教育分流流层结构的影响来看,父亲有无工作单位及工作单位的性质对高等教育分流的流层结构都有较大影响。随着父亲工作单位从无单位到企业,再到事业单位和政府部门,其子女进入211工程院校和985工程院校的机会也不断增加。

(3) 从父亲的受教育程度对高等教育分流流层结构的影响来看,高中和中专学历为一个分界点,研究生学历为另一个分界点。父亲学历为高中或中专以下的学生,绝大部分进入了普通本科院校;父亲学历为高中或中专及以上者,进入211工程院校的可能性最大;而父亲学历为研究生者,进入985工程院校的可能性最大,与其他学历相比,优势极其明显。

(4) 从母亲职业对高等教育分流流层结构的影响来看,其影响与父亲职业对高等教育分流流层结构的影响基本相同。稍有不同的是,占有文化资源最多的专业技术人员阶层和占有文化资源最少的农业劳动者阶层影响更大,专业技术人员的子女在进入211工程院校和985工程院校方面,优势极其明显,同时较少进入普通本科院校;而农业劳动者阶层的子女进入普通本科院校的概率最大,进入211工程院校和985工程院校的概率最小。这说明,母亲职业中,专业技术人员和农民是影响最大的两个因素。

(5) 从母亲工作单位对高等教育分流流层结构的影响来看,与父亲工作单位对高等教育分流流层结构的影响有所差异。母亲没有工作单位的学生进入普通本科院校的比例最高,而进入211工程院校和985工程院校的比例最低;母亲工作单位为企业的学生,进入211工程院校的可能性最大;母亲工作单位为政府部门及事业单位的学生进入985工程院校的可能性最大,进入普通本科院校的可能性最小;而且母亲工作单位为事业单位者比政府部门者进入985工程院校的比例大,进入一般普通本科院校的比例小。亦即,母亲有无工作单位是影响其子女进入普通本科院校还是211工程院校或985工程院校的重要因素;而母亲工作单位是企业还是事业单位或政府部门,是影响其子女进入211工程院校还是985工程院校的重要因素,其中又以母亲工作单位为事业单位的影响最大。

(6)从母亲受教育程度对高等教育分流流层结构的影响来看,母亲受教育程度比父亲受教育程度在高等教育分流流层结构上的影响更大。从总体上看,母亲学历越高,学生进入211工程院校和985工程院校的可能性就越大,进入普通本科院校的可能性就越小。这与我们在第(4)方面的发现是一致的,母亲拥有的文化资本丰富程度对子女进入何类高等教育影响较大。

第四节 社会结构影响高等教育分流流层结构的机制分析

一、理解我国社会结构因素影响高等教育分流流层结构的背景

上面的实证分析已经证明社会结构因素对高等教育分流流层结构有较大影响,而且在高等教育规模扩张以后,这种影响仍然持续存在,在某些方面甚至出现了加强的趋势。对这一现象的分析,必须放在当前中国社会和教育所特有的场域中来理解。

1. 社会场域:处于转型中的中国社会

众所周知,自20世纪70年代末推行改革开放以来,中国社会开始进入一个新的转型时期。此次社会转型由"市场取向的改革"所引发,社会开始由"再分配"体制向"市场"体制转型①,由"总体性社会"迈向"后总体性社会"。② 这引发的后果之一便是资源配置方式的重大改变,大量的自由流动资本在市场中得以产生,并迅速参与到社会资源的分配之中,成为影响资源配置的重要力量。由此,市场与国家干预一起成为影响资源配置的两个重要力量。转型之前,国家干预是影响资源配置的唯一力量;而在转型开始之后,国家干预和市场共同成为影响资源配置的重要力量。高等教育分流作为资源配置的一种表现形式,也必然会受到国家干预和市场两种力量的影响。思考社会结构因素对高等教育分流的影响必然要放在转型中国这样一个背景下来进行。

2. 教育场域:生存教育与地位教育的流变

教育作为一种重要的社会资源,根据其在个体生存与发展中的作用,可以分为生存教育与地位教育两类。其中,生存教育是指"一个人为适应某一社会的基本生存而必须接受的教育",它具有两个基本的特点:一是生存教育是作为一种生存手段而被人接受的教育,即它是在一定社会时期内,人们借以谋取生存所需要的工作、地位等所必需的工具与手段;二是它在某一社会历史时期内为全部民众所具有的一种基本权利。地位教育是指"超出基本生存所必需的、以获取更好的社会职业

---

① 沈原.市场、阶级与社会:转型社会学的关键议题[M].北京:社会科学文献出版社,2007.
② 孙立平.动员与参与:第三部门募捐机制个案研究[M].杭州:浙江人民出版社,1999.

地位为指向的教育类型"。地位教育是获得上层社会地位的直接手段之一,因而它具有强烈的排他性特征。[①] 生存教育和地位教育的划分并不是绝对的、一成不变的,随着社会、经济的发展,人民生活水平的提高和教育的扩展,生存教育的上限是不断上移的,并不断打破地位教育的界限,从而把原先地位教育中的一部分变为生存教育的范畴。

在我国当前经济社会发展条件下,普通高校的教育价值已经从地位教育向生存教育转换,地位教育的边界开始向部属重点高校回缩。一方面,现代社会是一个"文凭社会",获得高等教育文凭已经成为个体在社会中得以生存、立足的基本条件之一,这一点从各类招聘对学历越来越高的要求中就可以窥视一斑;另一方面,随着高等教育规模的大幅扩张,普通高校的入学人数越来越多,且规模扩大后的普通高等教育已经不再是精英教育,也不再必然导向较好的工作和社会经济地位,而是成为个体得以生存的一个必要条件。由此可见,一般高校的地位教育价值已经下降,开始转向生存教育的范畴。与此同时,211工程院校和985工程院校等重点院校的地位教育价值开始凸现。

普通高等院校从地位教育的范畴转向生存教育的范畴,重点高校的地位教育价值不断凸显,这是我们理解社会结构因素对高等教育分流流层结构影响的又一重要背景。

把社会结构对高等教育分流流层结构的影响放在上述两个背景下来思考,就很容易理解在实证研究部分所得出的结论了。既然市场机制和再分配机制都是进行资源配置的重要方式,那么具有较强"市场能力"和"再分配能力"的群体便在高等教育资源尤其是优质高等教育资源分配方面占据着较大优势。同时,普通高等院校从地位教育范畴转向生存教育范畴、重点高等院校的地位教育价值凸现,"市场能力"和

---

① 刘精明.转型时期中国社会教育[M].沈阳:辽宁教育出版社,2004:26-33.

"再分配能力"较强者也把其获取资源的能力更多地运用到重点高校上面,从而在高等教育分流的流层结构中占据着优势地位。

二、我国社会结构影响高等教育分流流层结构的解释

1. 我国社会结构对高等教育分流流层结构的影响是社会结构影响基础教育分流的累积与延续

首先,必须认识到,我国社会结构因素对高等教育分流流层结构的影响不是突然产生的,而是社会结构因素对基础教育分流影响的累积与延续。一般来说,在社会结构中处于优势地位群体的子女,在基础教育阶段获取优质教育资源的能力与机会要远远高于处于弱势地位群体的子女。优势群体的子女在接受优质的基础教育尤其是优质高中教育之后,通过高考的优异成绩获得比较好的录取结果的可能性较大,拥有更大进入211工程院校和985工程院校的机会。方长春和风笑天通过实证研究证明了这一点,他们发现,阶层地位越高,子女所就读的小学和初中的学校级别就越高,而就读于最好初中的学生有67%进入了最好高中,而最好高中的学生进入优质高校的机会又是最大的。[①]

在地域结构方面,不同地区以及城乡之间教育资源尤其是优质教育资源极不均衡,经济发达地区和城市地区优质教育资源丰富,而经济欠发达地区和农村地区教育资源尤其是优质教育资源较为稀缺,与经济发达地区和城市地区有较大差距。出生于经济发达地区和城市地区的学生由于接受了优质的基础教育,在高考竞争中取得优异成绩的可能性大大增加,而且211工程院校和985工程院校多数分布在经济发达地区,在两方面因素的综合作用下,他们在高等教

---

① 方长春,风笑天.阶层差异与教育活动——一项关于教育分流的实证研究[J].清华大学教育研究,2005(5).

育分流中更多的进入上述两类院校也就不足为怪了。由此可以看出,地域结构对高等教育分流流层结构的影响实际上是其对基础教育影响的累积与延续。

在性别结构方面,由于独生子女政策的落实和义务教育推进,女生在基础教育的入学方面与男生相比已经几乎不存在差异,女生可以和男生接受同样的基础教育。在城市中,女生所获得教育投入甚至已经高于男生,一项研究发现1998年城市女孩的教育费用为27 000元,而男孩的教育费用为25 072元[①];但是在边远地区和农村,由于受传统的重男轻女观念的影响,部分家庭在男生和女生教育投入方面仍然存在着一定的差距,男生获得了比女生更多的教育费用,男生比女生更可能获得教育甚至是优质教育的机会。因此,男生进入高等教育的概率也更大。

在阶层结构方面,社会中上阶层的家庭,无论在家庭社会经济文化资本的种类还是数量方面都占有优势,他们可以通过择校、校外辅导等方式把这些优势变为其子女在获取优质基础教育的优势,进而变成其子女的学业优势,帮助其子女高考中获得较好的学业成绩。这使得他们的子女拥有较大概率进入211工程院校和985工程院校,上文的实证研究也证明了这一点。因此,阶层结构对高等教育分流流层结构的影响也是其对基础教育影响的累积与延续。

2. 社会结构影响高等教育分流流层结构的因素分析

(1)"权力通吃法则"

在我国社会场域之中,存在着"权力通吃法则",只要具有政治权力,有可能在社会生活的各个方面获得较多优势,高等教育甚至是优质高等教育入学机会也不例外。一方面,政治权力拥有者可以通过"非法

---

① 李通屏.家庭人力资本投资的城乡差异分析[J].社会,2002(7).

操作",以"冒名顶替"的方式使其子女获得高等教育入学机会,尽管这不是常态,但也并非个案。2010年遭曝光的"罗彩霞事件"①即为典型;另一方面,由于资本的可交换性与全能性②,拥有其他资本尤其是经济资本的群体又可以与权力资本进行交换,使其子女以同样方式获得高等教育入学机会。在"罗彩霞事件"曝光以后,新闻媒体又曝光了一系列类似事件,由此可见,"罗彩霞事件"并不是个案,而是权力拥有者的常用操作手法。因此,可以判断社会结构中的权力拥有者在"权力通吃法则"下,会运用非法操作的手段影响高等教育分流及其流层结构。除此之外,拥有权力者一般也拥有较为丰富的文化资本和经济资本,一方面丰富的文化资本可以通过社会遗传的方式传递给其子女,另一方面,丰富的经济资本又可以为其子女获取更为丰富的文化资本提供条件,而较好的文化资本是获取较高层级高校入学机会的基础。由此,权力拥有者将其权力资本、经济资本和文化资本转换为其子女的文化资本,进而为其子女获取较高层级高校的入学机会奠定了基础。

（2）城市取向的高考科目与内容

在高考的考试科目和考试内容方面,存在着一种城市取向。③ 这种城市取向也是社会结构尤其是城乡结构得以影响高等教育分流流层结构的重要因素。在我国,高考的考试科目和考试内容主要是以城市

---

① 罗彩霞和王佳俊均为2004年邵东一中298班应届文科毕业生,两人同时参加高考,罗彩霞成绩为514分,王佳俊成绩为335分。邵东县公安局原政委王峥嵘经王佳俊班主任老师张文迪,获得了罗彩霞高考成绩等相关信息,随后通过伪造罗彩霞的迁移证、高考档案,并通过同学关系最终使女儿王佳俊被贵州师范大学降低20分定向补录。此事件于2010年被查出并披露。

② 孙立平.转型与断裂　改革以来中国社会结构的变迁[M].北京:清华大学出版社,2004.

③ 杨东平.影响接受高等教育机会不均的制度性因素探析[J].中国高等教育,2001(6).

学生的学力为重要参照依据制定的,这对于本身就缺乏教育资源的农村学生来说是一种典型的隐性制度性排斥,在看似同一的公平标准下产生了更大的不公平。有学者对高考语文试卷进行了研究,发现句子考查、现代文阅读和作文等试题未考虑农村学生的教育背景和经历,更多的是反应城市生活,所反映的热门话题和时代议题,也多是城市背景下的,农村学生非常陌生,甚至从未听说;反映农村生活的极少。① 近年来,将英语口语和计算机能力测试等加入高考中来的呼声日益高涨,如果得以实施,将给缺少相应教育资源的边远地区和农村考生带来更大的打击。由此可见,由于我国教育资源在地区和城乡之间分布不均衡,城市取向的高考科目和考试内容,使得出生地区不同在某种程度上就先天地决定了学生能否进入高等教育及进入何种类型的高等教育。这是社会结构因素得以影响高等教育分流及其流层结构的又一重要因素。

(3) 高等教育招生制度

导致社会结构得以影响高等教育分流流层结构的高等教育招生制度主要包括新生来源计划制度、120%的录取投档政策与自主招生政策和高考加分制度等几个方面。

自20世纪50年代开始,我国高校就一直采取具有计划性质的统一招生制度,其核心为新生来源计划制度。所谓新生来源计划,是指"一部分高校(教育部及中央部委所属高校以及少部分的地方高校)在招生考试之前将招生名额以省为单位进行分配,而大部分高校(主要是省属高校)则只能在所在省范围内招生"②。这样一种招生制度的安

---

① 余秀兰.高考中的城市偏向——十年高考语文试卷分析[J].教育理论与实践,2004(1).
② 沈鸿敏.高等教育升学机会地区间不平等的现状及其成因分析[J].清华大学教育研究,2007(3).

排,使得在招生考试之前,各省的新生名额就已经基本确定——省外高校分配给该省的名额和本省高校招生名额之和,而录取分数线则根据分配到的新生名额、本省报考人数和本省高考成绩来确定,亦即我们通常所说的分省定额、划线招生。因此,各省所分配到的各类学校的招生名额,就决定着该省考生在多大程度上可以进入高校及进入何种类型的高校。无论是地方本科院校还是中央部属院校,在各省之间的分布都极不均衡,比如211工程院校,据不完全统计,北京211工程院校数量达20所,江苏和上海各为11所,在中西部地区,除湖北、陕西等少数省份外,相当多的地区只有1所,而宁夏、青海、海南等地则1所也没有。这就使得各省的录取分数线差别较大,在北京能上清华、北大的分数,在山东可能都没有机会进入二本院校,在北京能够进入本科院校的分数,在山东可能都没有进入高校的机会。大量"高考移民"的出现就是这一制度的附属产物。拥有哪个省份或地区的户籍,在某种程度上决定着能否进入高校及进入何种类型的高校。这是社会结构尤其是地域结构得以影响高等教育分流及其流层结构的制度性原因之一。

在高考录取过程中,我国有一段时期实行120%的上线投档方法,在缺乏相对透明的招生措施保障和约束机制制约的情况下,20%的灵活性自然成了招生人员的"寻租空间",而有能力、有条件支付"租金"者必然是有着特殊身份的人群,比如拥有权力资本的干部等"权力阶层"、拥有经济资本的经理人员、私营企业主等阶层以及拥有文化资本的高校教职工等专业技术人员阶层等。与之相类似的是高校的自主招生政策,我们不否认自主招生政策在选拔学生方面的优越性,但教育腐败的存在也使自主招生政策为"特殊利益群体"谋取高等教育甚至优质高等教育提供了可能性。与此类制度相类似的还有保送生制度等。这种现象的存在,必然会影响到不同群体与阶层的高等教育入学机会,进而也会影响到高等教育分流的流层结构。

与此同时,高考录取环节中存在的各种加分政策虽已受到严格限制,但也为社会结构因素影响高等教育分流及其流层结构留下了可乘之机,比如特长加分、奥林匹克竞赛加分等。这些加分政策为学有所长的学生提供了机会,但在某种程度上也造成了高等教育入学机会的不公,影响着高等教育分流及其流层结构状况,原本高考分数只能够进入专科院校甚至普通本科院校的学生,在获得加分之后便可以进入普通本科院校甚至重点本科院校。一方面,各种加分政策的存在,增大了教育腐败发生的可能性,增大了高等教育入学机会的不公平,近年来被屡次披露的国家级运动员加分中的作假情况就是典型表现;另一方面,即使不考虑教育腐败,各种加分政策所要求的项目也一般都花费巨大,不是一般家庭所能够承担的,比如航模比赛,就需要较好的经济条件作支撑,这在客观上造成了对具有较少家庭经济资本学生的排斥,进而也会影响高等教育分流及其流层结构。

(4) 高等教育收费制度

高等教育收费制度的实施也是社会结构得以影响高等教育分流流层结构的重要因素。所谓高等教育收费制度,是指"政府以收取学杂费等形式,直接向受教育者(个体、家庭或用人单位)收取部分培养成本的一种制度"①,其实质是一种高等教育成本分担机制。在新中国成立之后相当长的一段时间之内,高等教育采取免费的形式,政府是高等教育成本的主要承担者,大学的一切经费由国家负担,在师范院校,国家还负担学生的生活费用。因此,不论出生在城市还是农村,不论家庭贫富,不论家庭在社会阶层结构中位置高低,只要能考上大学就可以顺利读完大学,不会存在因交不起学费而不能读大学的情况。随着高等教育招生规模的扩大,高等教育经费短缺的问题日益突出,自1989年起,

---

① 蒋国河.教育获得的城乡差异[M].北京:知识产权出版社,2007:253.

国家开始对高等教育实行收费,但费用较低,每学年学费仅为 200 元左右。1996 年,高等教育开始试行并轨招生,每学年学费迅速攀升至 2 000 元左右;1997 年,收费制度统一在全国实行。随着新一轮高等教育规模扩张的开始,所有学生都开始缴纳学费,而且学费疾速上升到 5 000 元以上,有些专业甚至突破万元。不同学校收费有所不同,一般来说,学校层次越高,学费相应的就越高。高校收费制度对具有不同经济资本的群体意义是不同的,具有较多经济资本的优势群体,其子女一般不会因学费问题而失去接受高等教育的机会或降低就读学校的层次;而具有较少经济资本的边远地区和农村地区家庭的子女以及处于城市中下层家庭的子女,虽可利用助学贷款等政策完成学业,但也为毕业之后的生活背上了较重的负担。这从一个方面较好地解释了实证研究中所发现的经理人员、私营企业主和个体工商户等市场能力较强的阶层,在高等教育入学机会尤其是 211 工程院校和 985 工程院校等重点高校入学机会方面的优势。

第四章 社会结构对高等教育分流流向结构的影响

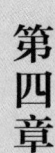

第四章　社会结构对高等教育分流流向结构的影响

在上一章中,分析了社会结构影响高等教育分流结构的第一个方面,即社会结构对高等教育分流流层结构的影响,在本章中,将继续分析第二个方面,即社会结构对高等教育分流流向结构的影响。在上一章中已经谈到,所谓高等教育分流的流向结构,是指不同科类高等教育及学生的构成状态与比例关系,是高等教育的各个流层、各种流型按学科专业划分的"分流渠道"结构。因此,探讨社会结构对高等教育分流流向结构的影响,亦即分析社会结构对学生专业选择的影响。毋庸置疑,学生的专业选择会受到个体的学习兴趣、爱好、学习能力、高中分科、高考成绩等多方面因素的影响;除此之外,社会结构作为其中一个重要的方面,对学生的专业选择也产生着较大影响。

第一节　专业选择的社会学意义

从表面上看,学生的专业选择是一个教育学问题,学生可以根据自身的学习兴趣、爱好、学习能力、高考成绩等因素进行自主的选择,以此来发展自身的各方面素质,获得自身的提高。但事实并非完全如此,学生专业选择在一定程度上固然是一个教育学问题,但更是一个社会学问题,具有深刻的社会学意义。高考结束之后的志愿填报过程中,众多家长及学生对专业选择的重视就是其社会学意义的表现。具体说来,专业选择的社会学意义可以从以下三个方面进行分析。

一、选择不同专业意味着获得不同的教育养成

众所周知,我国高等教育是按照学科门类与专业进行招生和培养的。尽管不同学科门类和专业之间会有一定比例的相同课程,比如说公共英语、计算机和"两课"等;但不同学科门类和专业之间在课程设

置、教学方法和培养目标等方面的差异是巨大的,尤其是不同科类之间,其差异可能是天壤之别。学生选择不同的专业,意味着选择了不同的课程设置、教学方法和培养目标,不同的课程设置、教学方法和培养目标所给予学生的知识、思维方式甚至性情陶冶都是不一样的,亦即所给予学生的教育养成是极不相同的。因此,选择不同专业首先就意味着获得不同的教育养成。

从课程设置方面来看,除教育部所要求必须开始的公共课之外,不同科类之间几乎没有任何交叉,尤其是文科和理科、工科之间,差别更大。比如,文科类学科中的教育学所开设的主干课程主要包括教育概论、教育哲学、教育社会学、教育心理学、中外教育史、比较教育学、高等教育学、教育学研究方法等,理科类学科中的化学所开设的主干课程主要包括有机化学、无机化学、分析化学、物理化学、化学原理等,工科类专业中的计算机专业所开设的主干课程包括计算机基础、C语言、汇编语言程序设计、计算机网络、计算机硬件安装与维护、计算机组成原理、数据库及其应用、操作系统数据库结构,三者之间没有任何一门课程是共同的。从教学方法来看,文科类专业更多侧重于讲授与讨论,而理科类和工科类专业则更侧重于实验。除此之外,文科类专业、理科类专业和工科类专业在培养目标、思维方式的偏好与培养以及性情的陶冶等方面也有较大区别。

由于不同学科门类与专业在课程设置、教学方法、培养目标、思维方式、性情陶冶等方面存在不同,学生通过不同专业的学习所获得的教育养成也必然存在着较大差异。因此,选择不同专业,就意味着获得不同的教育养成,而不同的教育养成必然对学生后续的职业获得、人生发展等方面都产生较大影响。这是专业选择社会学意义的第一个方面。

二、选择不同专业意味着获取初职机会的不同

专业选择社会学意义的第二个方面在于,选择不同的专业,其获得初职的机会会有较大差异,这从不同专业的就业率中就可以窥视一斑,尽管学生获取初职还会受到除专业以外因素的影响。下面,我们以2004—2008年本科阶段不同学科门类的初次就业率情况来说明这一问题。

表4-1 2004—2008年本科阶段不同学科门类的初次就业率情况统计表(单位/%)[1]

年份	哲学	经济学	法学	教育学	文学	历史学	理学	工学	农学	医学	管理学	军事学	总体
2004	80.6	81.2	76.1	78.7	82.2	84.5	85.6	87.7	80.7	80.2	82.8	97.1	84.1
2005	80.4	79.0	75.3	76.8	80.2	85.1	84.0	85.0	83.7	77.3	79.7	96.3	81.7
2006	78.4	82.0	73.9	75.0	79.1	79.2	81.5	87.7	84.1	77.7	82.7	—	82.6
2007	84.3	77.9	73.7	74.6	77.5	78.4	79.6	84.9	82.5	76.0	80.1	94.6	80.3
2008	80.2	81.2	75.5	76.3	80.4	78.8	81.2	86.7	83.1	76.4	82.5	91.4	82.3

从表4-1可以看出,在2004—2008年,除军事学以外,就业率最高的学科几乎都是工学,工学仅2005年略低于历史学而排在第二位;理学的就业率也一直排在第二位到第四位,接近工学和理学的农学排名也一直比较靠前;而属于文科大类的哲学、经济学、法学、教育学、文学等学科则普遍低于工学和理学,其中就业率最低的法学和教育学与工学相比差距基本维持在10个百分点以上。同时也可以发现,理学和工学的就业率均高于总体就业率,而文科类的大多数学科就业率都低于总体就业率,仅有个别学科在个别年份就业率高于总体就业率。

---

[1] 本表根据全国高等学校学生信息咨询与就业指导中心和北京大学教育学院联合编著的《全国高校毕业生就业状况(2004—2008)》中的相关数据汇编而成。参见:全国高等学校学生信息咨询与就业指导中心,北京大学教育学院.全国高校毕业生就业状况(2004—2008)[M].北京:北京大学出版社,2010:88-93.

上述数据表明,学生选择的专业不同,在毕业半年内获得初职的概率也有较大差异,选择理科类专业和工科类专业的学生在毕业半年内谋取工作的机会要高于选择文科类专业的学生。选择不同专业,在某种程度上就意味着选择了不同的获取初职的机会。

三、选择不同专业意味着获取初职结果的不同

选择不同专业,在某种程度上还意味着获取初职结果的不同,即谋取到的职业及其待遇会有差异。据《国际金融报》报道,美国未来十年中最吃香的职业包括护士、网络系统和数据分析师、软件工程师、生物医学工程师、会计师和审计师以及兽医,这些职业所要求具备的学科和专业背景几乎全是理学和工学。[①] 2008 年,中国人事科学研究院发布的《中国人才报告》预计,2010 年就业最吃香的五大专业分别为民航运输类、机械类、材料类、精算师以及护理类,这五大专业也全为工科和理科类专业,尤其是工科类专业。而权威的第三方调查机构麦可思在 2010 年 6 月发布的《2010 大学生就业蓝皮书》中发布的数据显示,2008 届和 2009 届各专业大类毕业生半年后的月薪情况如下[②](见表 4-2):

表 4-2 2008 届和 2009 届各专业大类毕业生半年后的月薪情况(单位/元)

毕业生类别	经济学	工学	管理学	文学	法学	理学	哲学	教育学	农学	医学
2008 届	2 266	2 208	2 160	2 138	2 010	2 068	2 112	1 968	1 807	1 710
2009 届	2 498	2 431	2 343	2 336	2 323	2 301	2 262	2 136	2 125	2 124

由表 4-2 可以看出,工学类专业毕业生在毕业半年后的月薪仅低于经济学,而高于其他所有学科门类的毕业生。理学类毕业生毕业半

---

① 苏舟.哪些职业未来最吃香[N].国际金融报,2010-9-7.
② 麦可思公司.2010 年大学生就业蓝皮书[M/OL].http://www.mycos.com.cn/report/select.action? sn=10321.

年后的月薪排在所有学科的第五位。文科类专业中经济学和管理学毕业生月薪情况较好,但是两者都要求具有较高的数理背景,并非纯粹的文科类专业;纯文科类专业中文学和法学略高于理学或有较小差距;而教育学则与工学和理学有较大差距,在 2008 年与工学相差 240 元,与理学相差 100 元,2009 年与工学相差 295 元,与理学相差 187 元。在同一本书中所公布的 2009 届本科毕业生半年后失业人数最多的前十位专业中英语、法学、国际经济与贸易、工商管理、汉语言文学等文科大类专业都名列其中,而工学类专业中则有计算机科学与技术、电子通信工程及信息管理与信息系统三个专业位列其中。

上述相关的预测、调查与数据告诉我们,选择了不同的学科门类和专业,毕业后初次谋取到的工作及其相关待遇会有较大差别,在失业方面也有所不同。这说明,选择不同专业在一定程度上就选择了初次谋取到的职业及其相关待遇和失业可能。而且谋取到何种初职在人的职业发展过程中也具有重要意义。这便是专业选择社会学意义的第三个方面。

从上面的分析中可以看出,选择专业不同具有三个方面的社会学意义,对人的一生发展都会有较大影响。因此,在社会结构中处于优势位置的群体便会利用各种方式影响其子女的专业选择,以期在未来的社会结构中占据更加有利的位置。下面,我们就通过实证研究来分析我国社会结构对学生专业选择即高等教育分流流向结构的影响。

第二节 我国社会结构对高等教育分流流向结构影响的实证研究

一、研究问题与研究假设

本章关注的核心问题是社会结构因素对高等教育流向结构的影

响,亦即社会地域结构、社会性别结构和社会阶层结构对学生在学科门类选择方面所产生的影响。针对此问题,已有的研究显示:在社会地域结构方面,"城市学生更多选择的是与社会主义市场经济紧密联系、经济收入颇丰的专业,而更多的农村学生选择的是一些比较传统、艰苦的专业"①。在社会性别结构方面,研究者发现各国普遍存在着"男性主导专业"和"女性主导专业"的现象,"男性一般倾向于选择自然科学和工程技术类专业,女性倾向于选择语言、艺术、教育、历史等人文社会科学类专业,在经济管理类专业中,男女生的比例则比较接近"②。布尔迪厄和帕斯隆则认为,"同一社会出身的男女青年上大学机会的接近,不应掩盖如下事实:进入大学后,他们不学同一专业的可能性很大……女生选文科的可能性最大,男生选理科的可能性最大"③。而在社会阶层结构方面,恰如杨东平所说:"在高等教育系统中,学生在不同学科专业的分布,也越来越具有阶层的属性。优势阶层的子女更多地选择了热门专业和艺术类专业;而工人、农民等阶层的子女选择冷门专业的更多。"④布尔迪厄与帕斯隆指出,社会出身"既表现为对一些出身低下的儿童的纯粹淘汰,又表现为对免遭淘汰的人在专业选择方面的限制"⑤。而且"越到社会底层,进入高等教育就必须以一种对选择的限制为代价。对处于最不利地位的属类来说,可以一直发展到几乎强制

---

① 孟东方,李志,周顺文,等.学生家庭社会经济地位与高等学校类型及专业选择的相关性研究(下)[J].重庆工商大学学报(社会科学版),1996(4).
② 陆根书,刘珊,钟宇平,等.高等教育需求及专业选择中的性别差异及其影响因素分析[J].中国高等教育评论,2010(10).
③ [法]P.布尔迪厄,[法]J.-C 帕斯隆.继承人:大学生与文化[M].邢克超,译.北京:商务印书馆,2002:7.
④ 杨东平.高等教育入学机会:扩大之中的阶层差距[J].清华大学教育研究,2006(1).
⑤ [法]P.布尔迪厄,[法]J.-C 帕斯隆.继承人:大学生与文化[M].邢克超,译.北京:商务印书馆,2002:8.

性地把他们放逐到文理专业当中"①。而罗莎(Rochat)和德穆勒迈斯特(Demeulemeester)的研究也显示:"在控制学术能力的条件下,低收入阶层的学生倾向于选择教育学、人文和艺术类专业——尽管这些专业的市场回报较低。相反,高收入阶层的学生更愿意选择市场收入较高的理工类专业。"②据此提出如下研究假设。

假设1:农村学生和城市学生在选择学科门类方面存在着较大差异,相比于农村学生,城市学生选择工科类专业的可能性更大,而选择文科类专业的可能性更小;而农村学生选择文科和理科类专业的可能性更大,选择工科类专业的可能性更小。

假设2:男生和女生在选择学科门类方面存在着较大差异,相比于女生,男生选择工科和理科类专业的可能性较大,而女生选择文科类专业的可能性较大。

假设3:出身于不同社会阶层的学生在选择学科门类方面存在着较大差异,相比于社会下层和底层,社会中上阶层选择工科和理科类专业的可能性较大,选择文科类专业的可能性最小;而底层和下层选择文科和理科类专业的可能性较大,选择工科类专业的可能性最小。

二、数据来源与数据处理

本章所采用的数据来源和数据处理方式与第三章完全一致,在此不再赘述。

三、社会地域结构对高等教育分流流向结构的影响

在此,我们通过比较分析城乡学生在文科类、理科类和工科类专业

---

① [法]P.布尔迪厄,[法]J.-C 帕斯隆.再生产:一种教育系统理论的要点[M].邢克超,译.北京:商务印书馆,2002:242.
② 钟宇平,雷万鹏.风险偏好对个人高等教育需求影响的实证研究:以高中生对农业、林业和师范院校需求为例[J].高等教育研究(武汉华中科技大学),2005(1).

中的就读情况来考察社会地域结构对高等教育分流流向结构的影响。首先来看不同科类专业中城乡学生的比例，详见表4-3：

表4-3 文科类、理科类和工科类专业中城乡学生分布情况表

户口		专业			总计
		文科类	理科类	工科类	
城市	人数	462	436	424	1 322
	在户口中的占比	34.9%	33.0%	32.1%	100.0%
	在专业中的占比	54.2%	47.4%	43.5%	48.1%
农村	人数	390	483	551	1 424
	在户口中的占比	27.4%	33.9%	38.7%	100.0%
	在专业中的占比	45.8%	52.6%	56.5%	51.9%
总计	人数	852	919	975	2 746
	在户口中的占比	31.0%	33.5%	35.5%	100.0%
	在专业中的占比	100.0%	100.0%	100.0%	100.0%

通过表4-3可以看出，农村学生中，进入文科类专业就读的占27.4%，进入理科类专业就读的占33.9%，进入工科类专业就读的占38.7%；城市学生中，进入文科类专业就读的占34.9%，进入理科类专业就读的占33.0%，进入工科类专业就读的占32.1%。而在文科类专业中，农村学生占45.8%，城市学生占54.2%；理科类专业中，农村学生占52.6%，城市学生占47.4%；工科类学生中，农村学生占56.5%，城市学生占43.5%。分析这一组数据发现，农村学生有三分之二以上的学生选择了理科类和工科类，而城市学生中选择理科类和工科类专业的则比农村学生少7.5个百分点，农村学生选择理科类和工科类专业的比例大于城市学生，而选择文科类专业的比例小于城市学生，在理科类和工科类专业中，农村学生所占比例都大于城市学生。这与假设1是不相符合的，甚至完全相反。出现此结果，一方面可能是由于样本抽取

过少,不能完全代表总体的情况;另一方面也可能是由于对文科类、理科类和工科类专业的划分过于宽泛,而忽视了其中具体的专业。至于其中的社会学意义,在解释部分会加以探讨。

四、社会性别结构对高等教育分流流向结构的影响

文科类、理科类和工科类专业中,男女生的比例见表4-4:

表4-4 文科类、理科类和工科类专业中男女生分布情况表

性别		专业			总计
		文科类	理科类	工科类	
男	人数	317	479	749	1 545
	在男生中所占比例	20.5%	31.0%	48.5%	100.0%
	在专业中所占比例	37.2%	52.1%	76.8%	56.3%
女	人数	535	440	226	1 201
	在女生中所占比例	44.6%	36.6%	18.8%	100.0%
	在专业中所占比例	62.8%	47.9%	23.2%	43.7%
总计	人数	852	919	975	2 746
	人数占比	31.0%	33.5%	35.5%	100.0%
	在专业中所占比例	100.0%	100.0%	100.0%	100.0%

由表4-4可知,20.5%的男生进入了文科类专业就读,31.0%的男生进入理科类专业就读,48.5%的男生进入工科类专业就读;44.6%的女生进入文科类专业就读,36.6%的女生进入理科类专业就读,18.8%的女生进入工科类专业就读。在文科类专业中,男生占37.2%,女生占62.8%;在理科类专业中,男生占52.1%,女生占47.9%;工科类专业中,男生占76.8%,女生占23.2%。这说明,在进入文科类专业方面,女生远高于男生,差距达25个百分点以上;在进入理科类专业方面,男生和女生差不多,女性进入理科类专业的比例甚至略高;而在进入工科类

专业方面,男生明显高于女生。已有的相关研究表明,女性主导的专业多为文科类专业,比如语言、历史、教育等专业;而男性主导的专业多为自然科学类专业和工科类专业,比如数学、化学、物理等。实证结果表明男生更倾向于工科类等男性主导的专业,而女生更倾向于文科类等女性主导的专业。这与已有的研究结果"男性一般倾向于选择自然科学和工程技术类专业,女性倾向于选择语言、艺术、教育、历史等人文社会科学类专业"[①]是完全相符合的,也是与假设2完全吻合的。

五、社会阶层结构对高等教育分流流向结构的影响

根据本文对社会阶层结构的操作化理解,在本部分,将从父母亲的职业、工作单位和学历来分析社会阶层结构对高等教育分流流向结构的影响,即分别从父母亲的职业、工作单位和学历来探讨其对学生专业选择的影响。

1. 父亲职业对高等教育分流流向结构的影响

在文科类、理科类和工科类专业中,父亲职业不同的学生分布情况如下,详见表4-5:

表4-5 文科类、理科类和工科类专业中,父亲职业不同的学生分布情况表

父亲职业		专业			总计
		文科类	理科类	工科类	
国家与社会管理人员	人数	92	62	63	217
	占比	42.4%	28.6%	29.0%	100.0%
经理人员	人数	77	55	38	170
	占比	45.3%	32.3%	22.4%	100.0%

---

① 陆根书,刘珊,钟宇平.高等教育需求及专业选择中的性别差异及其影响因素分析[J].中国高等教育评论,2010(10).

续表

父亲职业		专业			总计
		文科类	理科类	工科类	
私营企业主	人数	39	27	50	116
	占比	33.6%	23.3%	43.1%	100.0%
个体工商户	人数	160	179	156	495
	占比	32.3%	36.2%	31.5%	100.0%
专业技术人员（包括教师、工程师、医生等）	人数	101	123	102	326
	占比	31.0%	37.7%	31.3%	100.0%
产业工人	人数	132	131	150	413
	占比	32.0%	31.7%	36.3%	100.0%
办事人员	人数	28	35	30	93
	占比	30.1%	37.6%	32.3%	100.0%
商业服务业员工（包括收银员、售货员、服务员等）	人数	17	9	13	39
	占比	43.6%	23.1%	33.3%	100.0%
农业劳动者	人数	183	263	341	787
	占比	23.3%	33.4%	43.3%	100.0%
城乡无业、失业或半失业人员	人数	12	21	16	49
	占比	24.5%	42.8%	32.7%	100.0%
其他	人数	10	14	13	37
	占比	27.0%	37.9%	35.1%	100.0%
总计	人数	851	919	972	2 742
	占比	31.0%	33.5%	35.5%	100.0%

通过表4-5可见：父亲职业为国家与社会管理人员的学生，42.4%选择了文科类专业，28.6%选择了理科类专业，29.0%选择了工科类专业；父亲职业为经理人员的学生，45.3%选择了文科类专业，32.3%选择了理科类专业，22.4%选择了工科类专业；父亲为私营企业

主的学生,33.6%选择了文科类专业,23.3%选择了理科类专业,43.1%选择了工科类专业;父亲职业为个体工商户的学生,32.3%选择了文科类专业,36.2%选择了理科类专业,31.5%选择了工科类专业;父亲职业为专业技术人员的学生,31.0%选择了文科类专业,37.7%的学生选择了理科类专业,31.3%选择了工科类专业;父亲职业为产业工人的学生,32.0%选择了文科类专业,31.7%选择了理科类专业,36.3%选择了工科类专业;父亲职业为办事人员的学生,30.1%选择了文科类专业,37.6%选择了理科类专业,32.3%选择了工科类专业;父亲职业为商业服务业员工的学生,43.6%选择了文科类专业,23.1%选择了理科类专业,33.3%选择了工科类专业;父亲职业为农业劳动者的学生,23.3%选择了文科类专业,33.4%选择了理科类专业,43.3选择了工科类专业;父亲职业为城乡无业、失业或半失业人员的学生,24.5%选择了文科类专业,42.8%选择了理科类专业,32.7%选择了工科类专业。由以上数据可以得出如下结论:① 在选择文科类专业方面,社会上层选择的比例最高,达40%以上,而社会中下层除商业服务业员工之外,选择的比例相对较低,而且越接近底层,选择文科类专业的比例越低,比如农业劳动者和城乡无业、失业、半失业阶层,选择文科类专业的比例仅有五分之一左右;② 在选择理科类专业方面,相比于社会中下层,社会上层选择的比例相对较低,社会中下层除商业服务业员工阶层之外,选择的比例相对较高;③ 在选择工科类专业方面,私营企业主和农业劳动者阶层选择的比例最高,达40%以上,国家与社会管理人员和经理人员选择的比例最低,低于30%,其他各阶层维持在三分之一左右。这与假设3是有出入的,社会中上阶层选择理工科的比例低于选择文科的比例,而社会中下层选择理工科的比例则高于选择文科的比例;但是与上面所证实的地域结构对高等教育分流流向结构的影响是基本吻合的。

2. 父亲工作单位对高等教育分流流向结构的影响

在文科类、理科类和工科类专业中,父亲工作单位不同的学生分布情况详见表4-6:

表4-6 文科类、理科类和工科类专业中,父亲工作单位不同的学生分布情况表

父亲单位		专业			总计
		文科类	理科类	工科类	
企 业	人数	481	482	476	1439
	占比	33.4%	33.5%	33.1%	100.0%
事业单位	人数	83	86	70	239
	占比	34.7%	36.0%	29.3%	100.0%
政府部门	人数	83	55	63	201
	占比	41.3%	27.4%	31.3%	100.0%
无	人数	195	291	360	846
	占比	23.0%	34.4%	42.6%	100.0%
总计	人数	842	914	969	2725
	占比	30.9%	33.5%	35.6%	100.0%

通过表4-6可见:父亲工作单位为企业的学生,33.4%选择了文科类专业,33.5%选择了理科类专业,33.1%选择了工科类专业;父亲在事业单位工作的学生,34.7%选择了文科类专业,36.0%选择了理科类专业,29.3%选择了工科类专业;父亲工作单位为政府部门的学生,41.3%选择了文科类专业,27.4%选择了理科类专业,31.3%选择了工科类专业;而父亲没有工作单位的学生,23.0%选择了文科类专业,34.4%选择了理科类专业,42.6%选择了工科类专业。从以上数据可以发现,父亲没有工作单位的学生选择工科类专业的比例要远远大于父亲在其他工作单位的学生。为了进行更加详细的分析,我们来看回归分析的情况(以选择工科类专业为参照),见表4-7:

表 4-7 父亲工作单位与学生专业回归分析表

专业(a)		B	标准误	Wald	df	Sig.	Exp(B)	95% 置信区间(B)	
								下限	上限
文科类	截距	−0.613	0.089	47.546	1	0.000			
	企业	0.624	0.110	32.172	1	0.000	1.866	1.504	2.314
	事业单位	0.783	0.185	17.926	1	0.000	2.189	1.523	3.146
	政府部门	0.889	0.189	22.050	1	0.000	2.432	1.678	3.525
	无	0(b)	0	0	0	0	0	0	0
理科类	截距	−0.213	0.079	7.286	1	0.007			
	企业	0.225	0.102	4.886	1	0.027	1.253	1.026	1.530
	事业单位	0.419	0.179	5.455	1	0.020	1.520	1.070	2.160
	政府部门	0.077	0.201	0.147	1	0.701	1.080	0.729	1.600
	无	0(b)	0	0	0	0	0	0	0

a. 此处专业指的是工科类。
b. 此处参数设置为0,因为该参数是冗余的。

通过回归分析可以清楚地看到:① 相对于选择工科类专业来说,父亲有工作单位的学生比父亲没有工作单位的都更容易选择文科类专业,其中父亲工作单位为企业的学生选择文科类专业的概率最大,父亲工作单位为事业单位的最低;② 相对于选择工科类来说,父亲工作单位为企业的和事业单位的学生更容易选择理科类专业,而父亲工作单位为政府部门的则和父亲没有工作单位的学生在选择理科类专业方面没有差异。

从上面的数据分析中可以看出:① 在选择文科类专业方面,父亲在政府部门工作者选择概率最大,达40%以上,父亲在事业单位和企业工作者次之,父亲没有工作单位者选择的比率最低,与父亲有工作单位者有较大差异;② 在选择理科类专业方面,父亲在企业和事业单位工作者选择的可能性最大,而父亲在政府部门工作者和没有工作单位者则差异不大;③ 在选择工科类专业方面,父亲没有工作单位者选择的比例最大,高达40%以上,父亲在政府部门和事业单位工作者选择的比例最低,不足三分之一。这与父亲职业对学生选择专业科类的影响是相吻合的。

3. 父亲学历对高等教育分流流向结构的影响

在文科类、理科类和工科类专业中,父亲学历不同的学生分布情况详见表4-8:

表4-8 文科类、理科类和工科类专业中,父亲学历不同的学生分布情况表

父亲学历		专业			总计
		文科类	理科类	工科类	
文盲	人数	25	19	22	66
	占比	37.9%	28.8%	33.3%	100.0%
小学	人数	68	78	104	250
	占比	27.2%	31.2%	41.6%	100.0%
初中	人数	197	253	278	728
	占比	27.1%	34.7%	38.2%	100.0%
高中或中专	人数	305	330	376	1 011
	占比	30.2%	32.6%	37.2%	100.0%
专科	人数	82	78	63	223
	占比	36.8%	35.0%	28.2%	100.0%
本科	人数	153	135	96	384
	占比	39.8%	35.2%	25.0%	100.0%
研究生	人数	22	26	34	82
	占比	26.8%	31.7%	41.5%	100.0%
总计	人数	852	919	973	2 744
	占比	31.0%	33.5%	35.5%	100.0%

由表4-8可知,父亲学历为文盲的学生中,37.9%进入了文科类

专业,28.8%进入了理科类专业,33.3%进入了工科类专业;父亲学历为小学的学生中,27.2%进入了文科类专业,31.2%进入了理科类专业,41.6%进入了工科类专业;父亲学历为初中的学生中,27.1%进入了文科类专业,34.7%进入了理科类专业,38.2%进入了工科类专业;父亲学历为高中或中专的学生中,30.2%进入了文科类专业,32.6%进入了理科类专业,37.2%进入了工科类专业;父亲学历为专科的学生中,36.8%进入了文科类专业,35.0%进入了理科类专业,28.2%进入了工科类专业;父亲学历为本科的学生中,39.8%进入了文科类专业,35.2%进入了理科类专业,25.0%进入了工科类专业;父亲学历为研究生的学生中,26.8%进入了文科类专业,31.7%进入了理科类专业,41.5%进入了工科类专业。通过以上描述性统计可以看出,相对来说,父亲学历为专科和本科的学生进入文科类专业的比例较高,父亲学历为研究生的学生进入文科类专业的比例最小;父亲学历为小学和研究生的学生进入工科类专业的比例较大,父亲学历为专科和本科的学生,选择工科类专业的比例相对较小。

　　通过回归分析进一步发现:① 就进入文科类专业来说,相比于父亲学历为研究生的学生,只有父亲学历为专科生和本科生的学生进入文科的可能性更大,而父亲学历为其他的学生则在选择文科专业方面与之没有显著性差异;② 就进入理科类专业来说,相比于父亲学历为研究生的学生,只有父亲学历为本科的学生进入理科的可能性更大,而父亲学历为其他的学生则在选择理科类专业方面没有显著性差异。这说明,父亲学历在高等教育流向分流方面的影响较小,只有父亲学历为本科的学生,选择文科和理科类专业的可能性更大一些,父亲学历为专科的学生选择文科专业的可能性大一些。(见表4-9)

表 4-9　父亲学历与学生专业选择回归分析表

专业(a)		B	标准误	Wald	df	Sig.	Exp(B)	95% 置信区间(B)	
								下限	上限
文科类	截距	−0.435	0.274	2.531	1	0.112			
	文盲	0.563	0.400	1.978	1	0.160	1.756	0.801	3.849
	小学	0.010	0.315	0.001	1	0.974	1.010	0.545	1.873
	初中	0.091	0.289	0.099	1	0.753	1.095	0.622	1.930
	高中或中专	0.226	0.284	0.632	1	0.427	1.254	0.718	2.188
	专科	0.699	0.321	4.745	1	0.029	2.012	1.073	3.772
	本科	0.901	0.303	8.849	1	0.003	2.463	1.360	4.461
	研究生	0(b)	0	0	0	0	0	0	0
理科类	截距	−0.268	0.261	1.060	1	0.303			
	文盲	0.122	0.407	0.089	1	0.765	1.129	0.508	2.510
	小学	−0.019	0.301	0.004	1	0.948	0.981	0.544	1.768
	初中	0.174	0.275	0.402	1	0.526	1.190	0.695	2.039
	高中或中专	0.138	0.271	0.258	1	0.611	1.148	0.674	1.953
	专科	0.482	0.311	2.404	1	0.121	1.619	0.881	2.977
	本科	0.609	0.293	4.331	1	0.037	1.839	1.036	3.264
	研究生	0(b)	0	0	0	0	0	0	0

a. 此处专业指的是工科类。
b. 此处参数设置为 0,因为该参数是冗余的。

4. 母亲职业对高等教育分流流向结构的影响

在文科类、理科类和工科类专业中,母亲职业不同的学生分布情况详见表 4-10：

表 4-10 文科类、理科类和工科类专业中,母亲职业不同的学生分布情况表

母亲职业		专业			总　计
		文科类	理科类	工科类	
国家与社会管理人员	人数	39	16	31	86
	占比	45.3%	18.6%	36.1%	100.0%
企业经理	人数	33	19	18	70
	占比	47.1%	27.2%	25.7%	100.0%
私营企业主	人数	18	14	19	51
	占比	35.3%	27.5%	37.2%	100.0%
个体工商户	人数	115	126	129	370
	占比	31.1%	34.0%	34.9%	100.0%
专业技术人员(包括教师、工程师、医生等)	人数	89	109	91	289
	占比	30.8%	37.7%	31.5%	100.0%
产业工人	人数	126	122	117	365
	占比	34.5%	33.4%	32.1%	100.0%
办事人员	人数	31	22	16	69
	占比	44.9%	31.9%	23.2%	100.0%
商业服务业员工(包括收银员、售货员、服务员等)	人数	32	28	29	89
	占比	35.9%	31.5%	32.6%	100.0%
农业劳动者	人数	235	308	390	933
	占比	25.2%	33.0%	41.8%	100.0%
城乡无业、失业或半失业人员	人数	126	140	124	390
	占比	32.3%	35.9%	31.8%	100.0%
其他	人数	8	15	11	34
	占比	23.5%	44.1%	32.4%	100.0%
总计	人数	852	919	975	2 746
	占比	31.0%	33.5%	35.5%	100.0%

由表 4-10 可知,母亲职业为国家与社会管理人员的学生中,45.3%选择了文科类专业,18.6%选择了理科类专业,36.1%选择了工科类专业;母亲职业为企业经理的学生中,47.1%选择了文科类专业,27.2%选择了理科类专业,25.7%选择了工科类专业;母亲职业为私营企业主的学生中,35.3%选择了文科类专业,27.5%选择了理科类专业,37.2%选择了工科类专业;母亲职业为个体工商户的学生中,31.1%选择了文科类专业,34.0%选择了理科类专业,34.9%选择了工科类专业;母亲职业为专业技术人员的学生中,30.8%选择了文科类专业,37.7%选择了理科类专业,31.5%选择了工科类专业;母亲职业为产业工人的学生中,34.5%选择了文科类专业,33.4%选择了理科类专业,32.1%选择了工科类专业;母亲职业为办事人员的学生中,44.9%选择了文科类专业,31.9%选择了理科类专业,23.2%选择了工科类专业;母亲职业为商业服务业员工的学生中,35.9%选择了文科类专业,31.5%选择了理科类专业,32.6%选择了工科类专业;母亲职业为农业劳动者的学生中,25.2%选择了文科类专业,33.0%选择了理科类专业,41.8%选择了工科类专业;母亲职业为城乡无业、失业或半失业人员的学生中,32.3%选择了文科类专业,35.9%选择了理科类专业,31.8%选择了工科类专业。通过上面这组数据可以发现:① 母亲职业为国家与社会管理人员、经理人员以及办事人员的学生,选择文科类专业的比例较大,而母亲职业为农业劳动者的学生选择文科类专业的比例最小,仅为四分之一左右;② 母亲职业为专业技术人员的学生选择理科类专业的比例最大,接近五分之二,而母亲职业为国家与社会管理人员的学生选择理科类专业的比例最小,不足五分之一;③ 母亲职业为农业劳动者的学生选择工科类专业的比例最大,超过五分之二,而母亲职业为办事人员的学生选择工科类专业的比例最小,仅四分之一多一点。这与父亲职业对学生选择专业的影响相比,两者几乎是一致的。

5. 母亲工作单位对高等教育分流流向结构的影响

在文科类、理科类和工科类专业中，母亲工作单位不同的学生分布情况详见表4-11：

表4-11 文科类、理科类和工科类专业中，母亲工作单位不同的学生分布情况表

母亲单位		专业			总计
		文科类	理科类	工科类	
企业	人数	362	359	353	1 074
	占比	33.7%	33.4%	32.9%	100.0%
事业单位	人数	79	79	69	227
	占比	34.8%	34.8%	30.4%	100.0%
政府部门	人数	41	21	32	94
	占比	43.6%	22.4%	34.0%	100.0%
无	人数	363	456	519	1 338
	占比	27.1%	34.1%	38.8%	100.0%
总计	人数	845	915	973	2 733
	占比	30.9%	33.5%	35.6%	100.0%

通过表4-11可以看出，母亲在企业工作的学生中，33.7%选择了文科类专业，33.4%选择了理科类专业，32.9%选择了工科类专业；母亲在事业单位工作的学生中，34.8%选择了文科类专业，34.8%选择了理科类专业，30.4%选择了工科类专业；母亲在政府部门工作的学生中，43.6%选择了文科类专业，22.4%选择了理科类专业，34.0%选择了工科类专业；而母亲没有工作单位的学生中，27.1%选择了文科类专业，34.1%选择了理科类专业，38.8%选择了工科类专业。其中，母亲在政府部门工作的学生选择文科类专业的比例最大，母亲没有工作单位的学生选择文科类专业的比例最小，而母亲在政府部门工作的学生

选择理科类专业的比例最小,母亲没有工作单位的学生选择工科类专业的比例最大。

通过进一步的回归分析发现:① 就选择文科类来说,母亲有工作单位的学生与母亲没有工作单位的学生有显著性差异,而且随着母亲工作单位由企业、事业单位到政府部门的转变,其选择文科类专业的可能性越来越大;② 就选择理科类专业来说,母亲有无工作单位对学生选择专业没有显著性影响。(见表4-12)这与父亲工作单位对学生专业选择的影响也是基本一致的。

表4-12 母亲工作单位与学生专业选择回归分析表

专业(a)		B	标准误	Wald	df	Sig.	Exp(B)	95% 置信区间(B)	
								下限	上限
文科	截距	−0.358	0.068	27.300	1	0.000			
	企业	0.383	0.101	14.250	1	0.000	1.466	1.202	1.788
	事业单位	0.493	0.178	7.630	1	0.006	1.637	1.154	2.322
	政府部门	0.605	0.246	6.075	1	0.014	1.832	1.132	2.965
	无	0(b)	0	0	0	0	0	0	0
理科	截距	−0.129	0.064	4.065	1	0.044			
	企业	0.146	0.099	2.197	1	0.138	1.158	0.954	1.404
	事业单位	0.265	0.177	2.242	1	0.134	1.303	0.921	1.843
	政府部门	−0.292	0.288	1.026	1	0.311	0.747	0.425	1.314
	无	0(b)	0	0	0	0	0	0	0

a. 此处专业指的是工科类。
b. 此处参数设置为0,因为该参数是冗余的。

6. 母亲学历对高等教育分流流向结构的影响

在文科类、理科类和工科类专业中,母亲学历不同的学生分布情况详见表4-13。

表 4-13 文科类、理科类和工科类专业中，母亲学历不同的学生分布情况表

母亲学历		专业			总 计
		文科类	理科类	工科类	
文盲	人数	42	61	60	163
	占比	25.8%	37.4%	36.8%	100.0%
小学	人数	127	153	175	455
	占比	27.9%	33.6%	38.5%	100.0%
初中	人数	245	282	331	858
	占比	28.5%	32.9%	38.6%	100.0%
高中或中专	人数	259	264	264	787
	占比	33.0%	33.5%	33.5%	100.0%
专科	人数	67	86	57	210
	占比	31.9%	41.0%	27.1%	100.0%
本科	人数	102	58	70	230
	占比	44.3%	25.2%	30.5%	100.0%
研究生	人数	10	15	18	43
	占比	23.2%	34.9%	41.9%	100.0%
总计	人数	852	919	975	2 746
	占比	31.0%	33.5%	35.5%	100.0%

由表 4-13 可知，母亲为文盲的学生中，25.8%进入了文科类专业，37.4%进入了理科类专业，36.8%进入了工科类专业；母亲学历为小学的学生中，27.9%进入了文科类专业，33.6%进入了理科类专业，38.5%进入了工科类专业；母亲学历为初中的学生中，28.5%进入了文科类专业，32.9%进入了理科类专业，38.6%进入了工科类专业；母亲学历为高中或中专的学生中，33.0%进入了文科类专业，33.5%进入了理科类专业，33.5%进入了工科类专业；母亲学历为专科的学生中，31.9%进入了文科类专业，41.0%进入了理科类专业，27.1%进入了工

科类专业;母亲学历为本科的学生中,44.3%进入了文科类专业,25.2%进入了理科类专业,30.5%进入了工科类专业;母亲学历为研究生的学生中,23.2%进入了文科类专业,34.9%进入了理科类专业,41.9%进入了工科类专业。通过以上描述性统计,发现母亲为本科学历的学生进入文科类专业的比例最大,母亲为专科学历的学生进入理科类专业的比例最大,而母亲为研究生学历的学生进入工科类专业的比例最大。

通过回归分析发现:① 就进入文科类专业来说,相比于母亲学历为研究生的学生,只有母亲学历为本科生的学生进入文科类专业的可能性更大,而母亲学历为其他的学生则在选择文科类专业方面与之没有显著性差异;② 就进入理科类专业来说,相比于母亲学历为研究生的学生,母亲学历不同的学生在选择理科类专业方面没有显著性差异。这说明,母亲学历在高等教育流向分流方面的影响较小,只有母亲学历为本科生的学生,选择文科类专业的可能性更大(见表4-14)。这与父亲学历对学生专业选择的影响有一定的差异。

表4-14 母亲学历与高等教育流向分流回归分析表

专业(a)		B	标准误	Wald	df	Sig.	Exp(B)	95% 置信区间(B)	
								下限	上限
文科类	截距	−0.588	0.394	2.221	1	0.136			
	文盲	0.231	0.443	0.272	1	0.602	1.260	0.529	3.001
	小学	0.267	0.411	0.422	1	0.516	1.306	0.583	2.925
	初中	0.287	0.403	0.506	1	0.477	1.332	0.604	2.937
	高中或中专	0.569	0.404	1.981	1	0.159	1.766	0.800	3.898
	专科	0.749	0.434	2.987	1	0.084	2.116	0.904	4.950
	本科	0.964	0.424	5.176	1	0.023	2.623	1.143	6.019
	研究生	0(b)	0	0	0	0	0	0	0

续表

专业(a)		B	标准误	Wald	df	Sig.	Exp(B)	95% 置信区间(B)	
								下限	上限
理科类	截距	−0.182	0.350	0.272	1	0.602			
	文盲	0.199	0.394	0.255	1	0.614	1.220	0.564	2.641
	小学	0.048	0.367	0.017	1	0.896	1.049	0.511	2.153
	初中	0.022	0.359	0.004	1	0.951	1.022	0.506	2.066
	高中或中专	0.182	0.360	0.256	1	0.613	1.200	0.592	2.431
	专科	0.594	0.389	2.328	1	0.127	1.811	0.845	3.882
	本科	−0.006	0.392	0.000	1	0.988	0.994	0.461	2.144
	研究生	0(b)	0	0	0	0	0	0	0

a. 此处专业指的是工科类。
b. 此处参数设置为0,因为该参数是冗余的。

六、研究结果

通过上面的实证分析,可以得出如下结论。

其一,在社会地域结构对高等教育分流流向结构的影响方面,发现农村学生选择文科类专业的比例要小于城市学生,而选择理科类和工科类专业的比例则高于城市学生;在理科类专业和工科类专业中,农村学生所占比例都高于城市学生。这与假设1是相左的。

其二,在社会性别结构对高等教育分流流向结构的影响方面,发现男生更倾向于选择工科类等男性主导的专业,而女生更倾向于选择文科类等女性主导的专业;而在选择理科类专业方面,两者差距不大。这与假设2是相符合的。

其三,在社会阶层结构对高等教育分流流向结构的影响方面,可以得出以下六个方面的结论。

一是以父亲职业阶层位置作为影响因素来分析,发现父亲职业阶层位置处于中上者,学生选择理工科类专业的比例低于选择文科类专业的比例;而父亲职业阶层位置处于下层和底层者,学生选择理工科类专业的比例高于选择文科类专业的比例。这与假设3是有出入的,但与前文所证实的社会地域结构对高等教育分流流向结构的影响是基本吻合的,因为父亲职业阶层位置高者一般居于城市,而父亲职业阶层位置低者一般居于农村和城市郊区。

二是以父亲工作单位作为影响因素来分析,父亲有无工作单位对学生选择文科类专业和工科类的比例有较大影响,父亲没有工作单位者选择文科的比例最小,选择工科类专业的比例最大;而父亲有工作单位者选择文科类专业的比例较大,其中又以父亲在政府部门工作者最大,同时父亲有工作单位者选择工科类专业的比例较小,又以父亲在政府部门工作者最小。这与父亲职业阶层位置对学生选择专业科类的影响是基本吻合的。

三是以父亲的学历情况作为影响因素来分析,实证分析发现只有父亲学历为本科生的学生,选择文科和理科类专业的可能性更大一些,父亲学历为专科生的学生选择文科类专业的可能性大一些,父亲学历为小学和研究生的学生选择工科类专业的比例相对较大。父亲学历为其他的则没有统计意义上的差异。

四是以母亲职业阶层位置作为影响因素来分析,实证分析发现,母亲职业为农业劳动者的学生选择工科类专业的比例最大,选择文科类专业的比例最小;母亲职业为国家与社会管理人员、经理人员和办事人员的学生选择文科类专业的比例最大;母亲职业为国家与社会管理人员的学生选择理科类专业的比例最小,母亲职业为专业技术人员者选择理科类专业的比例最大;母亲职业为办事人员者选择工科类专业的比例最小。这与父亲职业对高等教育分流流向结构的影响大致相同。

五是以母亲工作单位作为影响因素来分析,就选择文科类专业来说,母亲有工作单位的学生与母亲没有工作单位的学生有显著性差异,母亲没有工作单位者选择的比例最小,而随着母亲工作单位由企业部门、事业单位到政府部门的转变,其选择文科类专业的可能性越来越大;就选择理科类专业来看,母亲在政府部门工作者选择的比例最大,而其他则无明显差异;就选择工科类专业来看,母亲没有工作单位者选择的比例最大。这与母亲职业阶层位置对高等教育分流流向结构的影响是对应的,也与父亲工作单位对高等教育分流流向结构的影响基本一致。

六是以母亲学历作为影响因素来分析,发现母亲为本科学历的学生进入文科类专业的比例最大,这与父亲学历的影响情况是相同的;母亲为专科学历的学生进入理科类专业的比例最大,而父亲学历为专科者则进入文科类专业的比例最大,两者有所区别;而母亲为研究生学历的学生进入工科类专业的比例最大,这与父亲学历的影响情况相同。

通过以上六点结论可以看出,实证研究所得到的研究结果与假设3是有所出入的。从父母亲职业阶层位置来看,学生家庭处于社会中上位置者,其选择文科类专业的比例较大,而选择理科类和工科类专业的比例相对较小;而学生家庭所处社会下层和底层者,选择工科类专业的比例较大,选择文科类专业的比例较小。从父母亲工作单位来看,父母亲有单位者选择文科类专业的比例较大,选择工科类专业的比例相对较小。从父母亲学历来看,只有父母学历为专科和本科对学生选择专业大类有较大影响,其他学历影响不大,父母亲为专科和本科学历者,选择文科类专业的比例较大,选择工科类专业的比例较小。

第三节　社会结构得以影响高等教育分流流向结构的原因分析

一、社会结构影响高等教育分流流向结构是教育不平等的一个重要表征

教育平等是人类社会一直崇尚与追求的价值,关于教育平等的思想自古以来就存在,孔子的"有教无类"就是这一思想的典型表现。教育平等主要表现为教育机会均等,但对于何谓"教育机会均等",学界至今未有定论,以至于"以《教育机会均等》研究报告而名噪世界教育论坛的美国学者科尔曼,在该报告问世后不到十年,甚至认为'教育机会均等'并不是'一个有意义的词'"[①]。就现有的相关界定来看,瑞典学者胡森关于"教育机会均等"的界定最为全面,学界接受度也较高。在其看来,就个体而言,"平等"包含三层含义,"第一,'平等'首先可以指个体的起点;第二,'平等'也可以指中介性的阶段;第三,'平等'还可以指最后目标,或者是指这三方面的综合"[②]。根据胡森的界定,学者将教育平等演绎为"起点平等""过程平等"和"结果平等"三种意义。与之相对应,教育不平等则相应地具有"起点不平等""过程不平等"和"结果不平等"三个层面的含义;具体到高等教育领域,则含有高等教育起点不平等、高等教育过程不平等和高等教育结果不平等三层含义。

本章的第一部分分析了专业选择的社会学意义,指出专业选择不同意味着获得不同的教育养成、获取不同的获得初职的机会及不同的

---

① 吴康宁.教育社会学[M].北京:人民教育出版社,1998:111.
② [瑞典]托尔斯顿·胡森.平等——学校和社会政策的目标[M]//张人杰.国外教育社会学基本文选.上海:华东师范大学出版社,1989:160.

初职结果,亦即选择不同专业所导致的教育过程和教育结果都有所不同。作为一种重要的教育与社会分流机制,专业分流的机会应当平等地分配给每一个人,不受个体以外因素的影响,这才是教育平等的题中应有之义。但是社会结构作为外在于个体的一种因素,其对高等教育分流流向结构即专业选择产生了较大影响。由此,可以认为社会结构影响高等教育分流流向结构是教育不平等的一个重要表征,专业选择在某种意义上已经成为在社会结构中占据优势位置者维持甚至扩大其优势地位的一个重要机制,是再生产其社会结构位置的重要手段。

二、社会结构得以影响高等教育分流流向结构的因素分析

1. 城乡和不同阶层群体生活价值观的不同

由于城市和乡村以及不同社会阶层的生活环境不同,生活于其中的人们的生活境遇也不尽相同,由此而形成的生活价值观便有所不同。生活于农村和社会中下层及底层的人们,生活水平比较低,面临着巨大的经济压力,满足生活的最基本需要是他们生活的主题,尽力摆脱不利的处境是他们最大的生活目标与追求。因此,他们对经济条件改善的渴望更大,也更加迫切。在长期的生活过程中,他们逐渐形成了一种"现实主义的实用价值观",实用性、及时性、短期性是其最大的特点。在这样一种生活价值观的指导与影响下,他们对子女专业的选择便更加侧重于能够在短期内带来更大经济价值的专业。与人文社科类专业相比,理科类和工科类专业在短期内带来较高市场回报的可能性更大。另一方面,尽管相比于文科类专业,理工类专业的学费相对更高,但在国家助学贷款等政策的扶持下,选择理工类专业的成本仍然在其可承受范围之内。由此,农村和社会中下层群体的子女更多选择了理科类和工科类专业也就不难理解了。

与农村和社会中下阶层群体不同,生活于城市中的社会中上阶层,他们的生活条件和生活水平要明显高于生活于农村和社会中下阶层的群体。相对来说,在生活方面他们面临的经济压力要小得多,如何在保持一定生活水准的基础上去提升自身的素质、提高自己的修养、品位和档次,维持其社会中上层的位置才是他们考虑更多的问题。在这样的生活氛围和生活境遇的影响下,生活在城市中的社会中上阶层逐渐形成了一种"浪漫的发展性价值观",品位、档次、闲暇等是其关键词。在"浪漫的发展性价值观"的影响下,城市中社会的中上阶层在其子女选择专业时,便更加倾向于能够维持甚至提升其自身素质与生活品位、档次以及个人素养的专业,而对其市场回报率的考虑则比较少。众所周知,相比于理科类和工科类专业,人文艺术类等文科类专业对个体的素养、生活的品位和档次的提高有更重要的意义。因此,生活于城市中的社会中上阶层群体的子女更多的选择了文科类专业,而选择理科类和工科类专业的比例偏小。

2. 不同专业科类导向的工作难易程度及工作环境优劣不同

不同工作种类所要求的知识储备是不同的,其工作环境也有较大差异。一般说来,文科类专业面向的工作种类相对难度偏低,而且工作环境相对比较舒适,工作地点一般在室内,受天气影响较小,比如说文科类专业面向的秘书、公司、事业单位文职人员职业等均是如此;而理科类和工科类专业面向的工作种类相对难度较大,工作环境也相对较差,一般在车间、户外甚至野外进行长时段的工作,比如建筑工程师等职业。由此可以发现,文科类专业尽管市场回报率较低,但是其工作难度相对偏低、工作环境也相对较好;而理科类和工科类专业尽管市场回报率更高,但是其工作难度相对偏高,工作环境也相对较差。对于生活在城市中的社会中上阶层来说,他们对经济条件改善的要求并不十分迫切,因而他们更容易选择工作难度偏低、工作环境较好、有较多剩余时间的文科类专业,而不是市场回报率更高的理科类专业和工科类专业。恰如布尔迪厄所说:"文学院对一些人来说是强制选择的结果,对另一些人来说则是避难所。"①进入文学院对下层阶级来说是被迫的放逐,而对上层阶级来说则是避难所。而对生活于社会的中下阶层甚至底层来说,只要有较高的市场回报率,能够尽快改善其经济生活条件,较大的工作难度、较差的工作环境和更少的闲暇时间都是他们能够接受的。因此,他们更可能选择具有较高市场回报率的理科类专业和工科类专业,而不是较低工作难度、较好工作环境和较多闲暇时间的文科类专业。

3. 对教育风险的认识和承受能力不同

对教育风险的不同承受能力也会影响到学生的专业选择。欧美等国的研究显示,欧美国家学生面对的教育风险主要有三类,即学业竞争风险、就业风险和因收入不稳定带来的风险。②而我国学生除面临这三类风险之外,还面临着教育投资风险——学生能否被录取的风险,其中又包括能否被合适的学校和合适的专业录取。下面,仅从学业竞争风险、就业风险和录取风险三个方面来做一分析。

从学业竞争风险来看,相对来说,农村学生和社会中下阶层学生更加勤奋,也更加吃苦耐劳,因此他们并不惧怕理科类和工科类专业相对较难的学业竞争压力;相反,由于文科类专业受学生的家庭环境等背景因素的影响较大,要想在文科类专业上获得较好的成就,则必须有较好的家庭背景支撑,比如说有家庭文化的熏陶、有广泛的阅读等,这对农村学生来说是难以满足的。故文科类专业对农村学生来说反而意味着更大的学业竞争压力。因此,从规避风险的角度来说,农村学生和社会

---

① [法] P.布尔迪厄,[法] J.-C 帕斯隆.继承人:大学生与文化[M].邢克超,译.北京:商务印书馆,2002:8.

② 钟宇平,雷万鹏.风险偏好对个人高等教育需求影响的实证研究:以高中生对农业、林业和师范院校需求为例[J].高等教育研究(武汉华中科技大学),2005(1).

中下阶层的学生会更加倾向于理科类和工科类专业，而回避文科类专业。对于城市学生和社会中上阶层的学生来说，由于具有良好的家庭背景，从小就受家庭文化的熏陶，人文知识和素养的积累程度较高，文科类专业对他们来说意味着更小的学业竞争压力；同时，由于他们在勤奋程度和吃苦耐劳等方面与农村学生有差距，理科类和工科类专业对他们来说学业竞争压力更大。因此，他们更可能选择文科类专业，而避免选择理科类专业。

从就业风险来看，一方面，理科类和工科类专业比文科类专业的就业风险要低，这从本章第一部分中各专业科类的就业率中就可以发现；另一方面，来自农村和社会中下阶层的学生在对就业有较大影响的社会资本和经济资本方面又比较缺乏，不能利用已有的社会资本和经济资本来规避就业风险。因此，来自农村和社会中下阶层的学生选择理科类和工科类专业的比例更大，选择文科类专业的比例则较小。对城市学生来说，一方面，由于具备良好的家庭条件，其承受就业风险的能力更强；另一方面，他们自身及其家庭又具有较多的社会资本和经济资本，利用已有的社会资本和经济资本规避就业风险的能力也较强。因此，来自城市的学生和社会中上阶层的学生选择文科类专业的比例更大，而选择理科类专业和工科类专业的比例则较小。

在录取风险方面，从我国高等教育专业设置的现状来看，1998 年我国文科类和理工类专业在校生的比例为 1.64∶1；随着高等教育规模扩展的持续展开，到 2004 年这一比例变为 1.07∶1，而到了 2008 年，这一比例已经变为 1∶1.03，①理科类和工科类专业的招生规模已经略微

---

① 相关数据来源：1998 年和 2004 年的数据来源于谢维和、文雯、李乐夫所著的《中国高等教育大众化进程中的结构分析：1998—2004 年的实证研究》，该书由北京教育科学出版社 2007 出版；2008 年的数据为笔者根据教育部教育统计资料计算获得，网址：http://www.moe.edu.cn/edoas/website18/level2.jsp? tablename=1020。

超过文科类专业,理科类和工科类专业的录取风险已经低于文科类专业。基于对学业竞争风险和就业风险的认识,且在录取风险方面理科类和工科类专业已经略低于文科类专业,来自农村的学生和社会中下阶层的学生更加倾向于选择理科类和工科类专业。另一方面,文科类专业的录取风险虽有微小增加,但对来自城市的学生和社会中上阶层学生的影响并不大,因此,他们选择文科类专业的比例仍然高于来自农村和社会中下阶层的学生,选择理科类和工科类专业的比例低于来自农村和社会中下阶层的学生。

4. 家庭文化资本差异

家庭文化资本差异也是社会阶层结构得以影响高等教育分流流向结构的重要因素。一般说来,来自社会中上阶层的学生,其家庭文化资本也较为丰富,比如说,父母的文化程度较高,家庭藏书相对更加丰富与充足,参加音乐会和各类展览的机会较多,外出旅游的机会也更多。恰如布尔迪厄所说,家庭文化资本具有很强的遗传性,因此,来自社会中上阶层受家庭文化资本的影响,其人文艺术素养一般也比来自社会中下阶层的学生要高,通过高等教育进一步提升自身人文艺术素养和生活品位的意愿也更加强烈,因此他们对能提高其人文艺术素养和生活品位的文科类专业更加青睐,选择的比例也更大。而来自社会中下阶层的学生,家庭文化资本较少甚至没有,教科书几乎就是其上学初期所能接触到的唯一的文化资源,更遑论参加音乐会、展览和外出旅游了,因此他们对人文艺术素养并没有很深的认识和体验,通过高等教育进一步提升自身的人文艺术素养的可能性和愿望也较小。因此,文科类专业并不受他们喜欢,他们更加愿意选择不要求较高人文艺术素养的理科类和工科类专业。

5. "性别刻板印象"的存在

许多国家都有所谓"男性气质"和"女性气质"的性别刻板印象。例如,认为男性独立、有主见、竞争性强、勇于克服困难、自信、富于冒险精神、不易受外界影响、逻辑性强等;而女性则顺从、温柔、依赖、自信不足、易情绪化且容易受外界影响。[①] 另外一些研究则显示,在既有的学科领域中,由于性别刻板印象的存在,学科被区分为"男性主导"的学科和"女性主导"的学科两类,其中理科类和工科类专业由于被认为与"男性气质"相吻合而成为"男性主导"的学科,文科类和艺术类专业则因与"女性气质"相吻合而成为"女性主导"的学科。哈金(Hakim)的研究发现,由于处于对"男性气质"和"女性气质"具有不同看法的文化氛围中,考虑到来自外部的压力,男女在性别社会化的过程中,往往偏好选择与自身性别相符的专业。[②] 而这也同样可以解释我国社会性别结构何以影响高等教育分流结果的问题,实证研究结果证实,在我国男生也更多选择"男性主导"的理科类和工科类专业,而女性更多选择"女性主导"的文科类专业。

[①] 佟新.社会性别研究导论:两性不平等的社会机制分析[M].北京:北京大学出版社,2005:54-57.
[②] Hakim C. The Sexual Division of Labour and Women's Heterogeneity[J].The British Journal of Sociology, 1996, 47(1).

第五章 横向学历的社会分化作用分析

在前面两章中,我们分析了社会结构对高等教育分流结构的影响,尤其侧重分析了社会地域结构、社会性别结构和社会阶层结构对高等教育流层结构和流向结构的影响,指出了社会结构因素是影响高等教育分流结构的一个重要因素。与之相对应,高等教育分流是否也影响着或反作用于社会结构呢?要分析这一问题,则必须首先分析高等教育分流对大学生毕业去向的影响,因为高等教育分流对社会结构的影响必然是通过影响大学生毕业去向的方式进行的。因此,本章将着重分析高等教育分流对大学生毕业去向的影响,即高等教育分流的社会后果。

第一节 横向学历[①]差异:高等教育分流的教育后果

一、学历社会与学历主义

工业化的发展和社会民主化进程的推进,一方面使得社会物质文明得到不断提升,另一方面又持续扩张着社会中间阶层的位置,进而改变着社会流动的特性,亦即从世袭制度转向个人能力的选材制度。由于社会中间阶层职位需要其占有者具备一定的专业知识和技能,因此学校教育在社会流动中的作用日益明显。"由于学校文凭的法定角色能佐证持有者的专业训练……进而使学历文凭与经济报酬相结合,经济报酬又与社会评价相关联,因而教育成就又与社会声望产生相当程度的结合。"[②]由此,学历文凭成为一个人能力与发展潜力以及社会地位

---

① 在2009年12月23日的南京师范大学教育社会学沙龙中,吴康宁教授了提到了在日本学术界使用的"横向学历"概念,给笔者的思考与研究带来了较大启发,在此表示感谢!

② 姜添辉.华人社会的大学文凭意义、考试取向文化以及与华人文化的关联性[J].教育与考试,2010(3).

的表征,并决定了一个人一生当中在社会上所处的地位。当学历文凭的这种作用在社会中占据主导地位时,我们便说该社会进入了学历社会。

具体到我国来说,做出我国社会是一个学历社会的判断相信不会有人产生太多质疑。科举制的实施使"朝为田舍郎,暮登天子堂"的梦想变为了现实,为社会的上升流动提供了空间。而在新中国成立之后很长一段时间之内,一方面国家的现代化建设需要大量的掌握专业知识与技能的人才,另一方面由于受社会发展水平的限制,高等教育规模又比较小,能够接受高等教育的人数有限,所以在国家"统包统分"就业制度的作用下,只要能够顺利从高校毕业,不管在校期间学习成绩是好是坏,不管其能力是有是无、是大是小,都能够纳入国家干部序列,并进入全民所有制单位工作。而且来自农村的毕业生也能够借此获得城市户口,实现自身的社会上升流动。学历尤其是高等教育学历在个体社会地位获得和社会上升流动过程中的作用举足轻重。尽管自20世纪90年代末期开始,随着高等教育大规模扩张的展开,高等教育文凭的稀缺性得到缓解甚至有过度的表现,但是由于企事业单位对人才选拔的标准也水涨船高,一个初高中毕业生就能胜任的职位都要求本科以上学历,因此尽管高等学历有所贬值,但仍然不可或缺,对个体谋取职业、获取社会地位的作用甚至更加重要。

在学历社会中,学历表征着一个人的智力发展与知识水平、工作能力和发展潜力,获取了高等教育学历,便意味着具有较高的智力发展水平、丰富的知识储备、较强的工作能力和较大的发展潜力。这种认识使得用人单位在选拔人才时,更多看重应聘者所拥有的学历与文凭的高低,而忽视对其实际工作能力的考察,只要拥有高学历就可以获取较好的职业与职位,获取较好的经济报酬。联合国"经济合作与发展组织"在1970年针对日本教育的调查报告中曾经指出:"根据某一个人在其十八岁所取得的成绩如何,即可决定他的一生。这样做的结果,虽然世袭的贵族主义是不存在了,但是却代之而出现了一种学历主义。"①由此,追逐高学历成为主导人们思想与行为的重要力量,而这一点在我国尤甚,"砸锅卖铁也要供孩子读书"就是典型的表现。学历主义成为社会的重要思潮,弥漫于整个学历社会之中。

二、纵向学历与横向学历

在谈到学历时,日本学者矢仓久泰描述说:"不言而喻,'学历'即是指某人毕业于某所学校而言。有的人从初中毕业,有的人从高中毕业,有的人则从高等专科学校或短期大学毕业,有的人则从大学或研究生院毕业。"②其实,矢仓久泰在这里所指的学历主要是纵向学历,学历的差别也主要是指在从初中—高中—大学的"纵向学历上的差别"。随着1973年"原油冲击"的出现,日本企业在录用大学毕业生时,开始采用选择大学的"指定校制",即录用大学生时优先选择东京大学、早稻田大学等著名高校的学生。"指定校制"实施以后,"就出现了因毕业于不同的大学以及由于大学之间情况的差异,而派生出了'横向的学历的差别',换言之,即是明显出现了因'校历'和'出身学校好坏'的不同而形成的差别"③。同时,横向学历除了指"校历"之外,还包含有不同学科门类与专业的意涵。

由此便可以区分出两种学历,即纵向学历和横向学历,其中纵向学历是指学生获取的不同层次的学历,在纵向层次上有高低之分;而横向学历则是指在同一学历层次上,因"校历"与"专业"不同而获取的不同学历,在横向层次上有优劣之别,其中名校与工科类专业的学历价值更高。

---

① 转引自:[日]矢仓久泰.学历社会[M].王振宇,程永华,译.吉林人民出版社,1982:1.
② [日]矢仓久泰.学历社会[M].王振宇,程永华,译.吉林人民出版社,1982:1.
③ [日]矢仓久泰.学历社会[M].王振宇,程永华,译.吉林人民出版社,1982:15.

三、高等教育分流与横向学历差异

前文已经做过界定,这里所谈的高等教育分流主要指两个方面,一是高等教育流层分流,即普通本科院校、211工程院校和985工程院校之间的校级分流;二是文科类专业、理科类专业和工科类专业之间的分流。通过上述两种高等教育分流的实施,进入大学的学生就被分流到不同的大学和不同的专业之中。同样是获取本科学历,尽管进入不同学校类型与科类专业,但所有学生所获取的纵向学历是相同的。同时,由于不同大学在资源获取、名声与声誉、发展水平、师资质量、藏书量等方面的不同,给予了学生不同的教育养成,从而使学生获取了不同的横向学历。横向学历的差异是高等教育分流的直接教育后果。

随着20世纪末开始的高等教育规模扩张政策的实施,最近十年我国的高等教育规模得到了大幅度的膨胀,纵向学历层面的高等学历对个体谋取理想职业、获取较好社会地位的作用开始式微,逐渐从"地位教育"转入"生存教育"的范畴。与此同时,横向学历的价值开始凸现,在同样达到大学本科学历层次的基础上,从哪所学校毕业以及主修哪个专业在个体谋取职业、获取社会地位中的作用变得越来越重要。下面就通过实证研究,来分析横向学历的社会作用,主要侧重于不同横向学历对大学生毕业去向的影响。

第二节 横向学历对大学生毕业去向影响的实证研究

一、研究问题与研究假设

上文曾经提到,随着高等教育规模扩张的持续进行以及经济发展速度的放缓,日本在20世纪70年代的企业招聘过程中,开始实施"指定校制",企业所指名的大学,多为京都大学、东京大学、一桥大学等名牌帝国大学以及早稻田大学、庆应义塾等名牌私立大学。而且有的公司在举行介绍本公司情况的说明会时,也有意识地按照大学的好与坏,采取分组说明的方式,比如分成"东京大学和一桥大学组""早稻田大学和庆应义塾大学组""其他大学组"等。这一政策的实施,使得名校学历和文凭价值大大增加,而其他普通高校的学历与文凭则相对大幅度贬值。进入名牌大学成为大学生毕业后谋取较好出路的垫脚石。与此同时,由于社会工业化的需要,对技术类人才需求旺盛,由此导致主修工科类专业的学生在就业过程中占据优势位置,而文科类专业则处于劣势,"技术系的毕业生可以得到比文科系的学术要优越的待遇"[①]。

近年来,我国也开始进入了这样一个阶段。随着社会发展速度的放缓和社会结构定型化趋势的出现,以及经济危机等的影响,社会所提供的新增就业机会越来越少,尤其是白领职业的岗位增幅更小。与此同时,我国自 20 世纪末期开始实施高等教育规模扩招,高等教育入学率大幅度提高,在较短时间内就进入高等教育大众化时期,高等教育学历与文凭的稀缺性得到扭转。在上述两个方面的作用下,高等学校的学历和文凭迅速贬值,大学生就业成为整个社会的难题。在这种情况下,尽管高等教育学历与文凭的稀缺性得到了缓解甚至扭转,但名牌高等学校的学历与文凭的稀缺性仍然得以维持。部分企事业单位在招聘人才时,开始将毕业于 211 工程院校甚至 985 工程院校作为基础性的必要条件,即使在招聘较高学历层次的研究生时,也要求本科毕业于 211 工程院校或 985 工程院校。因此,名牌高等学校在就业市场中优势地位得以凸显,尽管这种情况在高等教育规模扩张之前也存在,但由于整个高等教育学历与文凭的稀缺性,其优势地位并未像今天一样明

---

① 参见:[日] 矢仓久泰.学历社会[M].王振宇,程永华,译.吉林人民出版社,1982.

显。与此同时,随着社会工业化、现代化的深入进行,对技术性人才的需求有增无减,工科类专业毕业生在就业市场上也比文科类和理科类专业毕业生占有优势。从上述两方面可以看出,横向学历在大学生毕业之后的去向方面,开始发挥比以往任何时候都更加重要的作用。

台湾佛光大学的林大森对台湾的相关研究则显示,大学毕业生的毕业出路因学校类型之不同而呈现其特殊性,不同类型学校毕业生在就读研究所方面存在着较大差异,毕业于公立大学者有42%的比例继续就读研究所,而投入就业市场者不到三成。①

综合上述分析,本研究提出如下假设:

假设1:毕业于985工程院校的学生在走向出国留学、就读研究生、考取公务员、进入事业单位工作等较佳出路方面可能性最大,而走向进入企业工作、从事商业服务业工作、自主创业、暂未就业等较差出路方面的可能性最小;毕业于211工程院校的学生在较佳出路方面差于985工程院校,而好于普通本科院校;普通本科院校在较佳出路方面的情况最差,进入较差出路的可能性最大。

假设2:主修工科类专业的毕业生在走向出国留学、就读研究生、考取公务员、进入事业单位工作等较佳出路方面可能性最大,主修理科类专业的学生次之,主修文科类专业的学生最差;而主修工科类专业的毕业生走向进入企业工作、从事商业服务业工作、自主创业、暂未就业等较差出路方面的可能性最小,主修理科类专业的学生次之,主修文科类专业的学生可能性最大。

二、数据来源与数据处理

本章的数据来源和数据处理方式亦与第三章完全一致,在此不再赘述。

---

① 林大森.台湾大学生毕业流向之初探[J].台湾教育社会学研究,2010(1).

三、我国高校 2010 届本科毕业生毕业去向的总体情况

首先,从整体上来分析一下 2010 届高校毕业生的毕业去向情况,详见表 5-1:

表 5-1 2010 届大学本科毕业生毕业去向分布表

类别	频次	百分比	有效百分比	累积百分比
未定	762	27.7	27.8	27.8
读研究生	858	31.2	31.3	59.0
公务员	123	4.5	4.5	63.5
大学生村干部	17	0.6	0.6	64.1
事业单位办事人员(一般行政人员、秘书等)	84	3.1	3.1	67.2
自主创业	63	2.3	2.3	69.5
企业工人	147	5.4	5.4	74.9
专业技术人员(包括教师、工程师等)	378	13.8	13.8	88.6
企业办事人员(文秘、行政人员等)	172	6.3	6.3	94.9
商业服务业员工(包括收银员、售货员、服务员等)	26	0.9	0.9	95.8
出国留学	95	3.5	3.5	99.3
其他	19	0.7	0.7	100.0
小计	2 744	99.9	100.0	
丢失	2	0.1		
总计	2746	100.0		

从表 5-1 可以看出,在 2010 届高校毕业生毕业去向中,就读研究生的比例最高,达 31.2%;暂未就业者的比例次之,达 27.7%;成为专业技术人员的比例也超过 10%,达 13.8%;作为工人和办事人员进入企业工作者合计比例达 11.7%;考取公务员的比例为 4.5%,考取大学生村干部的占 0.6%;作为办事人员进入事业单位工作的占 3.1%;自主创

业者占 2.3%;从事商业服务业工作者占 0.9%;出国留学者占 3.5%;服兵役等其他去向者占 0.7%。由这一组数据可以发现,考取研究生是大学本科毕业生的第一毕业去向;暂未确定毕业去向的比例较高则在某种程度上说明了高校学历文凭贬值的现象;此外,成为专业技术人员和进入企业工作也在大学本科毕业生毕业去向中占有较大比例;出国留学、考取公务员和进入事业单位工作的比例都在 4% 左右,也是大学生毕业去向的较好选择;尽管就业困难,但大学生选择考取大学生村干部、从事商业服务业工作、自主创业等去向者比例仍然较少,在高校毕业生中,"士大夫"心态的影响仍然存在。

四、不同类型高校 2010 届本科毕业生毕业去向分析

上面分析了 2010 届本科毕业生毕业去向的总体情况,接下来则将分析不同学校类型本科毕业生毕业去向的差异。

1. 不同类型高校 2010 届本科毕业生毕业去向交叉分布情况

985 工程院校、211 工程院校和普通本科院校三类院校本科毕业生毕业去向的分布情况,详见表 5-2:

表 5-2 不同类型高校 2010 届本科毕业生毕业去向分布表

毕业去向		学校			总 计
		普通本科院校	211 工程院校	985 工程院校	
未定	人数	383	209	170	762
	该去向占比	50.3%	27.4%	22.3%	100.0%
	占该类型学校比例	40.1%	23.3%	19.1%	27.8%
读研究生	人数	193	279	386	858
	该去向占比	22.5%	32.5%	45.0%	100.0%
	占该类型学校比例	20.2%	31.1%	43.4%	31.3%

续表

毕业去向		学 校			总 计
		普通本科院校	211工程院校	985工程院校	
公务员	人数	46	33	44	123
	该去向占比	37.4%	26.8%	35.8%	100.0%
	占该类型学校比例	4.8%	3.7%	4.9%	4.5%
大学生村干部	人数	9	5	3	17
	该去向占比	52.9%	29.4%	17.7%	100.0%
	占该类型学校比例	0.9%	0.6%	0.3%	0.6%
事业单位办事人员（一般行政人员、秘书等）	人数	34	19	31	84
	该去向占比	40.5%	22.6%	36.9%	100.0%
	占该类型学校比例	3.6%	2.1%	3.5%	3.1%
自主创业	人数	26	26	11	63
	该去向占比	41.3%	41.3%	17.4%	100.0%
	占该类型学校比例	2.7%	2.9%	1.2%	2.3%
企业工人	人数	78	38	31	147
	该去向占比	53.1%	25.8%	21.1%	100.0%
	占该类型学校比例	8.2%	4.2%	3.5%	5.4%
专业技术人员（包括教师、工程师等）	人数	102	170	106	378
	该去向占比	27.0%	45.0%	28.0%	100.0%
	占该类型学校比例	10.7%	18.9%	11.9%	13.8%
企业办事人员（文秘、行政人员等）	人数	52	85	35	172
	该去向占比	30.2%	49.4%	20.4%	100.0%
	占该类型学校比例	5.4%	9.5%	3.9%	6.3%
商业服务业员工（包括收银员、售货员、服务员等）	人数	15	2	9	26
	该去向占比	57.7%	7.7%	34.6%	100.0%
	占该类型学校比例	1.6%	0.2%	1.0%	0.9%

续表

毕业去向		学 校			总 计
		普通本科院校	211工程院校	985工程院校	
出国留学	人数	9	28	58	95
	该去向占比	9.5%	29.5%	61.0%	100.0%
	占该类型学校比例	0.9%	3.1%	6.5%	3.5%
其他	人数	9	4	6	19
	该去向占比	47.4%	21.0%	31.6%	100.0%
	占该类型学校比例	0.9%	0.4%	0.7%	0.7%
总计	人数	956	898	890	2 744
	该去向占比	34.8%	32.8%	32.4%	100.0%
	占该类型学校比例	100.0%	100.0%	100.0%	100.0%

首先,以学校为维度来分析表5-2。从普通本科院校来看,在其毕业生的毕业去向中,从高到低依次为:暂时未定者占40.1%,读研究生者占20.2%,作为工人和工作人员进入企业工作的占13.6%,成为专业技术人员者占10.7%,考取公务员的占4.8%,作为工作人员进入事业单位工作的占3.6%,自主创业者占2.7%,从事商业服务业者占1.6%,考取大学生村干部的占0.9%,出国留学者占0.9%,从事其他工作者占0.9%。其中暂未确定毕业去向者达五分之二以上,就读研究生、成为专业技术人员、考取公务员、事业单位工作人员、出国留学等较好毕业去向者接近五分之二。

从211工程院校来看,在其毕业生的毕业去向中,从高到低依次为:读研究生者占31.1%,暂未确定者占23.3%,成为专业技术人员者占18.9%,作为工人和办事人员进入企业工作者占13.7%,考取公务员者占3.7%,出国留学者占3.1%,自主创业者占2.9%,作为办事人员进入事业单位工作者占2.1%,考取大学生村干部者占0.6%,从事其他工作者占 0.4%,从事商业服务业工作者占 0.2%。其中暂未确定毕业去向者占五分之一多一点,而就读研究生、成为专业技术人员、考取公务员、事业单位工作人员、出国留学等较好毕业去向者接近三分之二。

从 985 工程院校来看,在其毕业生的毕业去向中,从高到低依次为:读研究生者占 43.4%,暂未确定者占 19.1%,成为专业技术人员者占 11.9%,作为工人和办事人员进入企业工作者占 7.4%,出国留学者占 6.5%,考取公务员者占 4.9%,作为办事人员进入事业单位工作者占 3.5%,自主创业者占 1.2%,从事商业服务业工作者占 1.0%,从事其他工作者占 0.7%,考取大学生村干部者占 0.3%。其中,暂未确定毕业去向者不足五分之一,就读研究生、成为专业技术人员、考取公务员、事业单位工作人员、出国留学等较好毕业去向者超过 70%。

从上面这组数据可以看出,就读研究生、成为专业技术人员、考取公务员、成为事业单位工作人员、出国留学等较好毕业去向者,985 工程院校的比例高达 70% 以上,211 工程院校在三分之二左右,普通本科院校则不足五分之二。其中在差异最大的毕业去向中,就读研究生的可能性,985 工程院校的学生是 211 工程院校学生的 1.39 倍,是普通本科院校的 2.15 倍,211 工程院校是一般普通本科院校的 1.54 倍;出国留学的可能性方面,985 工程院校的学生是 211 工程院校学生的 2.1 倍,是普通本科院校的 7.22 倍,211 工程院校又是一般普通本科院校的 3.44 倍;211 工程院校毕业人员相比在成为专业技术人员方面的可能性更大;而在考取公务员、作为办事人员进入事业单位工作方面差异不大。在相对较差的毕业去向方面,暂未确定毕业去向者中,普通本科院校的比例高达五分之二以上,211 工程院校只有五分之一多一点,而 985 工程院校则不足五分之一,普通本科院校接近 211 工程院校和 985 工程院校的两倍。因此可以说,学生就读的院校不同,其在毕业后的去向也存在较大差异,就读院校的层次越高,获取较好毕业出路的可能性越大;就读学校的层次越低,获取较差毕业出路的可能性则越大。

接下来,再以毕业去向为维度来对表5-2进行分析。在毕业去向为暂未确定的学生中,毕业于普通本科院校者占50.3%,毕业于211工程院校者占27.4%,毕业于985工程院校者占22.3%,普通本科院校的毕业生占了一半以上,而985工程院校则比211工程院校低了5个百分点。这与研究假设是相符合的。

在毕业去向为就读研究生的学生中,毕业于普通本科院校者占22.5%,毕业于211工程院校者占32.5%,毕业于985工程院校者占45.0%,985工程院校毕业生是普通本科院校毕业生的两倍,是211工程院校毕业生的1.38倍,211工程院校又是普通本科院校的1.44倍。这与研究假设是相符合的。但可能与我们的日常经验有所出入,在平时媒体报道的考研热中,普通本科院校总是主角,本次调查的一所普通本科院校就被媒体列为考研培训基地排行的第三位,而211工程院校尤其是985工程院校则较少被媒体作为考研热的对象进行报道。出现这样的现象,可能有以下几个方面的原因:首先,普通本科院校由于学生就业困难,所以报名考研的学生会比较多,但报名参加考研并不代表能够考上研究生,真正能够考上研究生的普通本科院校学生还是少数;其次,211工程院校和985工程院校都具有保送研究生的资格,而且保送研究生的名额也越来越多,其很多本科毕业生没有参加研究生入学考试就已经被录取为研究生,但因其未参加考试,受到关注较少,所以也给人留下了考研人数较少的感觉。

在毕业去向为考取公务员的学生中,普通本科院校的学生占37.4%,211工程院校的学生占26.8%,985工程院校的学生占35.8%。普通本科院校学生和985工程院校学生在考取公务员方面占有优势,而211工程院校的学生比例则比二者分别低10%左右。这与研究假设有一定出入。其中原因可能有两个方面：一是调查的样本数量不足，不能完全反应总体的情况；二是未对学生所考取的公务员单位的层次进行分析，虽然普通本科院校毕业生考取公务员的比例略高，但是其考取的可能多为985工程院校和211工程院校毕业生所不愿参与的地方公务员考试尤其是边远地区的公务员考试；211工程院校和985工程院校毕业生考取公务员的比例低于普通本科院校毕业生，但其考取的公务员可能多为中央行政部门或发达地区的公务员。

在毕业去向为考取大学生村干部的学生中，由于样本中仅有17人选择这一去向，其统计意义较弱，在此不做统计分析。

在毕业去向为事业单位办事人员的学生中，普通本科院校的学生占40.5%，211工程院校的学生占22.6%；985工程院校的学生占36.9%。普通本科院校的学生比例最高，985工程院校的学生比例次之，211工程院校的学生比例最低。这也与研究假设有所出入。

在毕业去向为自主创业的学生中，普通本科院校的学生和211工程院校的学生均占41.3%，985工程院校的学生占17.4%。985工程院校的学生在毕业去向方面相对较好，所以自主创业的比例也较低。

在毕业去向为企业工人的学生中，普通本科院校的学生占53.1%，211工程院校的学生占25.8%，985工程院校的学生占21.1%。普通本科院校的学生达一半以上，211工程院校的学生也比985工程院校的学生高接近5个百分点。这与研究假设是相符合的。

在毕业去向为专业技术人员的学生中，普通本科院校学生的比例最低，占27.0%；985工程院校的学生比例次之，占28%；211工程院校的学生比例最高，达45.0%，远高于普通本科院校和985工程院校。这或许能够解释为什么在考取公务员和成为事业单位工作人员方面，211工程院校毕业生要低于普通本科院校了。

在毕业去向为企业办事人员方面,普通本科院校的学生占30.2%,211工程院校的学生占49.4%,985工程院校的学生占20.4%。211工程院校的学生比例高于普通本科院校学生的比例,这与研究假设也有一定的出入。

在毕业去向为商业服务业员工方面,由于样本中仅有26人选择这一去向,其统计意义较弱,在此亦不做统计分析。

在毕业去向为出国留学的学生中,普通本科院校的学生占9.5%,211工程院校的学生占29.5%,985工程院校的学生占61.0%。985工程院校学生优势明显,其比例是211工程院校学生比例的2.07倍,是普通本科院校学生的6.43倍;211工程院校相对普通本科院校也有较大优势,其比例是普通本科院校学生的3.11倍。三者之间的层次化差异十分明显。这与研究假设是完全符合的。

从上面的分析可以看出,在就读研究生、出国留学的可能性方面,985工程院校毕业生、211工程院校毕业生和普通本科毕业生呈现依次递减的趋势,这与研究假设是一致的。而在成为企业工人和自主创业的可能性方面,985工程院校毕业生、211工程院校毕业生和普通本科院校毕业生呈现依次递增的趋势,这与研究假设也是一致的。在考取公务员以及成为事业单位工作人员方面,211工程院校毕业生比例最低,甚至低于普通本科院校,这与研究假设是部分不一致的。在成为专业技术人员和企业办事人员方面,211工程院校的毕业生都远远高于普通本科院校和985工程院校,这与研究假设也是部分不一致的。但从总体上来看,毕业于985工程院校和211工程院校的学生,在考取研究生、出国留学、作为办事人员进入事业单位工作等较佳出路方面,要比普通本科院校有更大优势;而在考取公务员方面则差异较小,甚至普通本科院校的毕业生有一定优势。而在较差的毕业出路方面,仅有在成为企业办事人员方面,211工程院校的毕业生比例高于普通本科院校;在企业工人、自主创业等毕业出路方面,普通本科院校的比例则都明显高于211工程院校和985工程院校。由此可见,从不同层次院校毕业对大学本科毕业生的毕业出路确实有较大影响,名牌高校占有较大优势,"牌子效应"十分明显。

2. 不同类型高校2010届本科毕业生毕业去向回归分析情况

为了更好地对不同类型高校毕业生毕业去向差异进行分析,本研究又对其进行了多元回归分析,详见表5-3:

表5-3 不同类型高校2010届本科毕业生毕业去向回归分析表

毕业去向(a)		B	标准误	Wald	df	Sig.	Exp(B)	95% 置信区间(B)	
								下限	上限
未定	截距	1.075	0.152	50.009	1	0.000			
	[学校=1]	2.675	0.370	52.307	1	0.000	14.519	7.032	29.979
	[学校=2]	0.935	0.252	13.734	1	0.000	2.547	1.553	4.175
	[学校=3]	0(b)	0	0	0	0	0	0	0
读研究生	截距	1.895	0.141	181.147	1	0.000			
	[学校=1]	1.170	0.369	10.057	1	0.002	3.222	1.564	6.641
	[学校=2]	0.404	0.243	2.755	1	0.097	1.497	0.930	2.411
	[学校=3]	0(b)	0	0	0	0	0	0	0
公务员	截距	-0.276	0.200	1.909	1	0.167			
	[学校=1]	1.908	0.416	21.058	1	0.000	6.737	2.983	15.218
	[学校=2]	0.441	0.326	1.831	1	0.176	1.554	0.821	2.941
	[学校=3]	0(b)	0	0	0	0	0	0	0
大学生村干部	截距	-2.962	0.592	25.023	1	0.000			
	[学校=1]	2.962	0.757	15.315	1	0.000	19.333	4.386	85.217
	[学校=2]	1.239	0.766	2.619	1	0.106	3.452	0.770	15.484
	[学校=3]	0(b)	0	0	0	0	0	0	0

续表

毕业去向（a）		B	标准误	Wald	df	Sig.	Exp(B)	95% 置信区间(B) 下限	上限
事业单位办事人员（一般行政人员、秘书等）	截距	−0.626	0.222	7.928	1	0.005			
	[学校=1]	1.956	0.436	20.126	1	0.000	7.068	3.008	16.609
	[学校=2]	0.239	0.371	0.413	1	0.520	1.270	0.613	2.628
	[学校=3]	0(b)	0	0	0	0	0	0	0
自主创业	截距	−1.663	0.329	25.558	1	0.000			
	[学校=1]	2.723	0.508	28.779	1	0.000	15.232	5.632	41.199
	[学校=2]	1.588	0.427	13.839	1	0.000	4.896	2.120	11.306
	[学校=3]	0(b)	0	0	0	0	0	0	0
企业工人	截距	−0.626	0.222	7.928	1	0.005			
	[学校=1]	2.786	0.416	44.752	1	0.000	16.215	7.169	36.678
	[学校=2]	0.932	0.334	7.786	1	0.005	2.539	1.320	4.886
	[学校=3]	0(b)	0	0	0	0	0	0	0
专业技术人员（包括教师、工程师等）	截距	0.603	0.163	13.631	1	0.000			
	[学校=1]	1.825	0.384	22.561	1	0.000	6.201	2.921	13.167
	[学校=2]	1.201	0.261	21.113	1	0.000	3.322	1.991	5.544
	[学校=3]	0(b)	0	0	0	0	0	0	0
企业办事人员（文秘、行政人员等）	截距	−0.505	0.214	5.569	1	0.018			
	[学校=1]	2.259	0.420	28.972	1	0.000	9.575	4.206	21.796
	[学校=2]	1.616	0.305	27.976	1	0.000	5.031	2.765	9.154
	[学校=3]	0(b)	0	0	0	0	0	0	0
商业服务业员工（包括收银员、售货员、服务员等）	截距	−1.863	0.358	27.047	1	0.000			
	[学校=1]	2.374	0.553	18.411	1	0.000	10.741	3.631	31.768
	[学校=2]	−0.776	0.815	0.906	1	0.341	0.460	0.093	2.274
	[学校=3]	0(b)	0	0	0	0	0	0	0

a. 此处毕业去向是指出国留学。
b. 此处参数设置为0，因为该参数是冗余的。

从表 5-3 可以看出,相对于出国留学来说,在未确定毕业去向的学生中,985 工程院校毕业生与普通本科院校毕业生和 211 工程院校毕业生都有较大差异,而且与普通本科院校毕业生的差异要高于与 211 工程院校毕业生的差异;在就读研究生的学生中,985 工程院校的毕业生与普通本科院校的毕业生有较大差异,而与 211 工程院校的毕业生差异不明显($\chi^2=2.755, p=0.097>0.05$);在考取公务员的学生中,985 工程院校的毕业生亦与普通本科院校的毕业生有较大差异,而与 211 工程院校的毕业生差异不明显($\chi^2=1.831, p=0.176>0.05$),这说明在考取公务员方面,985 工程院校毕业生和 211 工程院校毕业生与普通本科院校毕业生相比并没有优势,根据前面的交叉分布情况还发现,普通本科院校毕业生还略有优势;在成为事业单位办事人员方面,985 工程院校毕业生与普通本科院校毕业生有较显著差异,但与 211 工程院校的毕业生无明显差异($\chi^2=0.413, p=0.520>0.05$),这说明在成为事业单位办事人员方面,985 工程院校毕业生与 211 工程院校毕业生和普通本科院校毕业生相比也没有优势;在自主创业方面,985 工程院校毕业生与普通本科院校毕业生和 211 工程院校毕业生都有较大差异,而且与普通本科院校毕业生的差异要高于与 211 工程院校的毕业生差异;在成为企业工人方面,985 工程院校的毕业生与普通本科院校的毕业生和 211 工程院校的毕业生都有较为显著的差异;在成为专业技术人员方面,985 工程院校的毕业生与普通本科院校的毕业生和 211 工程院校的毕业生都有较为显著的差异;在企业办事人员方面,985 工程院校的毕业生与普通本科院校的毕业生和 211 工程院校的毕业生都有较为显著的差异;而且与普通本科院校毕业生的差异要高于与 211 工程院校的毕业生差异。

上述回归结果表明,985 工程院校和 211 工程院校毕业生在考取研究生这一较好的毕业出路方面比普通本科院校毕业生占有明显优势,211工程院校毕业生还在成为专业技术人员方面占有优势;而在考取公务员和成为事业单位办事人员这两个较好出路方面则没有优势。同时,在成为企业工人和自主创业这两个较差出路方面,普通本科院校毕业生选择的可能性要高于985工程院校和211工程院校的毕业生;但在成为企业办事人员这一出路方面,普通本科院校毕业生选择的可能性要小于211工程院校的毕业生。由此可见,985工程院校毕业生在谋取较好毕业出路方面优势较为明显;而211工程院校毕业生的优势则开始缩小,已经开始大幅度进入企业工作,不过在企业中仍然选择了岗位相对较好的办事人员,而不是工人;而普通本科院校毕业生在维持其劣势的同时,在考取公务员、成为事业单位办事人员等较好出路方面已经开始赶上甚至超过985工程院校和211工程院校的毕业生。这说明,由于政府和事业单位公开透明以及相对公平的招聘政策,使得"校历"在这方面的作用有所减弱,对改进社会公平有一定作用。

五、不同科类专业2010届本科毕业生的毕业去向分析

在分析了不同学校类型2010届本科毕业生的毕业去向以后,接着采用百分比交叉分析的方法对不同科类专业毕业生的毕业去向进行分析。文科类、理科类和工科类三类不同专业本科毕业生毕业去向的分布情况,详见表5-4:

表5-4 不同专业2010届本科毕业生毕业去向交叉分布表

毕业去向		专业			总计
		文科	理科	工科	
未定	人数	323	278	161	762
	该去向占比	42.4%	36.5%	21.1%	100.0%
	专业占比	38.0%	30.3%	16.5%	27.8%

续表

毕业去向		专业			总计
		文科	理科	工科	
读研究生	人数	216	312	330	858
	该去向占比	25.2%	36.3%	38.5%	100.0%
	专业占比	25.4%	34.0%	33.8%	31.3%
公务员	人数	39	27	57	123
	该去向占比	31.7%	22.0%	46.3%	100.0%
	专业占比	4.6%	2.9%	5.8%	4.5%
大学生村干部	人数	2	4	11	17
	该去向占比	11.8%	23.5%	64.7%	100.0%
	专业占比	0.2%	0.4%	1.1%	0.6%
事业单位办事人员（一般行政人员、秘书等）	人数	29	26	29	84
	该去向占比	34.5%	31.0%	34.5%	100.0%
	专业占比	3.4%	2.8%	3.0%	3.1%
自主创业	人数	26	20	17	63
	该去向占比	41.3%	31.7%	27.0%	100.0%
	专业占比	3.1%	2.2%	1.7%	2.3%
企业工人	人数	10	45	92	147
	该去向占比	6.8%	30.6%	62.6%	100.0%
	专业占比	1.2%	4.9%	9.4%	5.4%
专业技术人员（包括教师、工程师等）	人数	84	120	174	378
	该去向占比	22.2%	31.8%	46.0%	100.0%
	专业占比	9.9%	13.1%	17.8%	13.8%
企业办事人员（文秘、行政人员等）	人数	84	43	45	172
	该去向占比	48.8%	25.0%	26.2%	100.0%
	专业占比	9.9%	4.7%	4.6%	6.3%

续表

毕业去向		专业			总计
		文科	理科	工科	
商业服务业员工（包括收银员、售货员、服务员等）	人数	8	8	10	26
	该去向占比	30.8%	30.8%	38.4%	100.0%
	专业占比	0.9%	0.9%	1.0%	0.9%
出国留学	人数	20	32	43	95
	该去向占比	21.0%	33.7%	45.3%	100.0%
	专业占比	2.4%	3.5%	4.4%	3.5%
其他	人数	10	3	6	19
	该去向占比	52.6%	15.8%	31.6%	100.0%
	专业占比	1.2%	0.3%	0.6%	0.7%
总计	人数	851	918	975	2 744
	该去向占比	31.0%	33.5%	35.5%	100.0%
	专业占比	100.0%	100.0%	100.0%	100.0%

首先，以学生主修专业为维度来分析表5-4。从主修文科类专业的学生来看，其毕业去向按人数从多到少依次排列为：暂未确定毕业去向者占38.0%；就读研究生者占25.4%；成为专业技术人员者占9.9%；作为办事人员进入企业工作者占9.9%；考取公务员者占4.6%；作为办事人员进入事业单位者占3.4%；自主创业者占3.1%；出国留学者占2.4%；作为工人进入企业工作者占1.2%；其他去向者占1.2%；从事商业服务业工作者占0.9%；考取大学生村干部者占0.2%。其中暂未确定毕业去向者接近五分之二，就读研究生、成为专业技术人员、考取公务员、作为办事人员进入事业单位工作、出国留学等较好毕业去向者比例为45%左右。

从主修专业为理科类专业的学生来看，其毕业去向按人数从多到少依次排列为：就读研究生者占34%；暂未确定毕业去向者占30.3%；

成为专业技术人员者占13.1%;作为工人进入企业工作者占4.9%;作为办事人员进入企业工作者占4.7%;出国留学者占3.5%;考取公务员者占2.9%;作为办事人员进入事业单位者占2.8%;自主创业者占2.2%;从事商业服务业工作者占0.9%;考取大学生村干部者占0.4%;其他毕业去向者占0.3%。其中暂未确定毕业去向者接近三分之一,低于主修文科类专业毕业生暂未确定毕业去向者的比例;就读研究生、成为专业技术人员、出国留学、考取公务员、作为办事人员进入事业单位工作等较好毕业去向者的比例达56%以上,明显高于主修文科类专业的学生在这方面的比例。

对主修工科类专业的学生来说,其毕业去向按人数从多到少依次排列为:就读研究生者占33.8%,成为专业技术人员者占17.8%,暂未确定工作者占16.5%,作为工人进入企业工作者占9.4%,考取公务员者占5.8%,作为办事人员进入企业工作者占4.6%,出国留学者占4.4%,作为办事人员进入事业单位工作者占3.0%,自主创业者占1.7%,考取大学生村干部者占1.1%,从事商业服务业工作者占1.0%,其他毕业去向者占0.6%。其中暂未确定毕业去向者不到五分之一,远低于主修文科类专业毕业生暂未确定毕业去向的比例,亦低于主修理科类专业毕业生暂未确定毕业去向者的比例;就读研究生、成为专业技术人员、出国留学、考取公务员、作为办事人员进入事业单位工作等较好毕业去向者的比例接近70%,远高于主修文科类专业毕业生在这方面的比例,亦高于主修理科类专业毕业生在这方面的比例。

由以上数据可以看出,主修工科类专业的毕业生在获得就读研究生、成为专业技术人员、考取公务员、成为事业单位工作人员、出国留学等较好毕业去向的可能性方面占有较大优势,主修理科类专业的毕业生次之,主修文科类专业的毕业生情况最差。具体来看,就读研究生的可能性方面,工科类专业和理科类专业接近,而高于文科类专业8个百分点左右;成为专业技术人员方面,工科类专业毕业生的可能性是文科类专业毕业生可能性的1.8倍,是理科类专业毕业生的1.36倍;在考取公务员和出国留学的可能性方面,工科类专业毕业生也高于理科类专业和文科类专业毕业生,而理科类专业毕业生又高于文科类专业毕业生。这与研究假设是相吻合的。而在作为办事人员进入事业单位工作的可能性方面,文科类专业毕业生的情况要稍好于理工类专业毕业生。就暂未确定毕业去向、就职于企业、商业服务业、自主创业等较差毕业去向的可能性方面,主修文科类专业的毕业生要远高于理工类专业毕业生,而理科类专业毕业生又高于工科类专业毕业生。其中,在暂未确定毕业去向的可能性方面,文科类专业毕业生是理科类专业毕业生的1.25倍,是工科类专业毕业生的2.3倍,理科类专业毕业生是工科类专业毕业生的1.84倍,差异明显,这与研究假设是相吻合的。而在作为工人就职于企业这一较差毕业去向的可能性方面,文科类专业毕业生则占有优势,理科类专业毕业生次之,工科类专业毕业生最高,这与研究假设恰好是相反的,其中原因可能在于多数企业工人岗位的专业要求多为工科类和理科类专业。

接下来,再以毕业去向为维度来对表5-4进行分析。在毕业去向为暂未确定的学生中,主修文科类专业者占42.4%;主修理科类专业者占36.5%;主修工科类专业者占21.1%。主修文科类专业的毕业生达五分之二以上;而主修理科类专业者虽少于主修文科类专业者,但也超过三分之一;而主修工科类专业者仅为五分之一左右,人数最少。这与研究假设是相符合的。

在毕业去向为就读研究生的学生中,主修文科类专业者占25.2%;主修理科类专业者占36.3%;主修工科类专业者占38.5%。主修文科类、理科类和工科类专业者所占比例呈依次递增趋势,这与研究假设也是相符合的。

在毕业去向为考取公务员的学生中,主修文科类专业者占31.7%,主修理科类专业者占22.0%;主修工科类专业者占46.3%。工科类专业学生所占比例最高,接近一半;文科类学生比例次之,超过三分之一;而理科类专业学生所占比例最低。这与我们的研究假设有部分出入,理科类专业学生的比例低于文科类专业学生的比例。

在毕业去向为考取大学生村干部的学生中,由于样本中仅有17人选择这一去向,其统计意义较弱,在此不做统计分析。

在毕业去向为事业单位办事人员的学生中,文科类专业学生占34.5%,理科类专业学生占31.0%,工科类学生占34.5%。文科类专业和工科类专业毕业生大体相当,且都高于理科类专业毕业生,这与研究假设亦有一定的出入。

在毕业去向为自主创业的学生中,文科类专业毕业生占41.3%,理科类专业毕业生占31.7%,工科类专业毕业生占27.0%。文科类专业毕业生、理科类专业毕业生和工科类专业毕业生所占比例呈依次递减趋势,这与研究假设是相符合的。

在毕业去向为企业工人的学生中,文科类专业毕业生占6.8%,理科类专业占30.6%,工科类专业占62.6%。工科类专业毕业生所占比例高达三分之二左右,理科类专业毕业生所占比例亦接近三分之一,文科类专业毕业生所占比例较小。这与研究假设是完全相反的,但又是符合情理的,因为企业工人一般都要求具有一定的技术和操作技能,而这是理工类尤其是工科类专业才能够提供的,所以理工类尤其是工科类专业毕业生占据绝大多数就不足为奇了。

在毕业去向为专业技术人员的学生中,文科类专业毕业生占22.2%,理科类专业毕业生占31.8%,工科类专业毕业生占46.0%,工科类专业毕业生是文科类专业毕业生的2.07倍,是理科类专业毕业生的1.45倍,理科类专业毕业生是文科类专业毕业生的1.43倍。这与研究假设是相吻合的。

在毕业去向为企业办事人员的学生中,文科类专业毕业生占48.8%,接近一半;理科类专业毕业生占25.0%,工科类专业毕业生占26.2%。文科类专业毕业生所占比例接近理工类专业毕业生所占比例之和,而理科类专业和工科类专业所占比例大体相当。这与研究假设基本符合。

在毕业去向为商业服务业员工方面,由于样本中仅有26人选择这一去向,其统计意义较弱,在此亦不做统计分析。

在毕业去向为出国留学的学生中,文科类专业毕业生占21.0%,理科类专业毕业生占33.7%,工科类专业毕业生占45.3%;工科类专业毕业生的优势十分明显,而文科类专业毕业生的情况最差。这与研究假设也是一致的。

通过以上分析,我们发现工科类专业毕业生比文科类专业和理科类专业毕业生在较好毕业去向的各个方面几乎都占有优势;而理科类专业毕业生在某些较好毕业去向方面比文科类专业毕业生占有优势,而在某些较好毕业去向方面则不如文科类专业毕业生。文科类专业毕业生从总体上看在较好毕业去向方面处于劣势,但在某些毕业去向方面,比如考取公务员、作为办事人员进入事业单位工作等方面已经开始超过理科类专业。在较差毕业去向方面,文科类专业毕业生情况最差,在暂未确定就业去向、作为企业办事人员、自主创业等方面所占比例都是最高的;而在企业工人这一较差毕业去向方面,文科类专业毕业生的情况却好于理工类专业毕业生,理科类专业毕业生又好于工科类专业毕业生。

通过上面的分析可以发现,不同主修专业科类确实对学生的毕业去向会产生较大影响。在较好毕业去向的各个方面,主修工科类专业的学生几乎都占有优势;而理科类专业毕业生相比于工科类专业毕业生处于劣势,但在考取研究生、成为专业技术人员、出国留学等较好出路方面都好于文科类专业毕业生,只是在考取公务员和成为事业单位办事人员方面低于文科类专业毕业生;文科类专业毕业生在较好毕业去向方面几乎全面落后于工科类专业毕业生,也在考取研究生、成为专业技术人员、出国留学等方面落后于理科类专业毕业生,但在考取公务员和成为事业单位办事人员方面优于理科类专业毕业生,这是与岗位对从业者的能力要求相吻合的。在暂未确定、成为企业办事人员、自主创业等较差毕业去向方面,文科类专业毕业生占了大多数;其中在成为企业工人这一较差毕业去向方面,文科类专业毕业生又比理科类专业毕业生和工科类专业毕业生占有优势。

第三节 研究结论与讨论

一、研究结论

通过上面的实证分析,可以得出如下结论。

首先,学生就读的院校不同,其在毕业后的去向也存在较大差异,就读院校的层次越高,获取较好毕业出路的可能性越大;就读学校的层次越低,获取较差毕业出路的可能性则越大。从不同层次院校毕业对大学本科毕业生的出路确实有较大影响,名牌高校占有较大优势,"牌子效应"十分明显。

其次,不同主修专业科类确实对学生的毕业去向会产生较大影响。在较好毕业去向的各个方面,主修工科类专业的学生几乎都占有优势;主修理科类专业的毕业生在较好毕业去向方面差于主修工科类专业的学生,但在除考取公务员和成为事业单位办事人员之外的较好毕业去向方面都优于主修文科类专业的毕业生。在较差毕业去向方面,除成为企业工人之外的其他毕业去向方面,文科类专业毕业生都明显占多数。

以上两点结论说明,在高等教育大规模扩张之后,随着高等学校学历与文凭的贬值,获取高等学校的学历与文凭已经仅仅成为谋取较好毕业去向的一个必要条件,而不是以前的充要条件,纵向学历在谋取较好职业方面的作用大幅度贬值。与此相对应的是,横向学历的地位得以凸显,获取名牌大学的学历并主修偏向工科类专业在谋取较好毕业去向方面作用显著。

二、讨论与分析

实证研究结论说明,由高等教育分流导致的横向学历差异,对大学毕业生的毕业去向有重要的影响,而这正是高等教育分流的社会后果之表现。对此,我们可以从以下几个方面来进行分析。

首先,横向学历的社会分化作用开始凸现,逐渐成为一种新的社会分化机制。

教育作为社会的一种筛选与分化机制已经为众所周知。在不同的历史时期,教育发挥社会分化作用的机制是不同的。在奴隶社会和封建社会,教育作为一种稀缺资源,接受教育是少数统治阶级的特权,而占据人口大多数的普通民众则无法接受教育。此时,是否接受教育就成为对人群进行分化并安排社会位置的标准。进入近代社会以后,义务教育开始普及,基础教育已经不是稀缺资源,普通大众都可以接受。因此,是否接受教育已经不能作为社会分化的标准。由于此时高等教育资源仍然比较稀缺,是否接受高等教育开始成为对人群进行分化并安排社会位置的标准,纵向学历的社会意义开始显现。但是,在进入学历社会以后,随着高等教育大众化的不断推进,高等教育学历与文凭的社会价值不断贬值,接受高等教育开始成为获取社会地位的一项基本条件而不是充要条件,纵向学历的社会意义大大降低,通过纵向学历对人群进行社会分化的功能减少。但是教育进行社会分化的作用并没有发生改变,为了履行这一职能,以名牌学校和偏理科类专业为内容的横向学历的意义开始凸现,横向学历开始取代纵向学历发挥社会分化的作用,并逐渐成为一种主要的社会分化机制。其中,学历社会的到来和高等教育大众化与普及化是横向学历得以成为新的社会分化机制的前提条件。

其次,横向学历作为一种新的社会分化机制是有其合理性的。

横向学历包含"校历"和学科门类专业两个方面的内涵。从"校历"来看,不否认某些普通本科院校也有较高的教学水平和学生培养水平,但更明显的是,绝大多数普通本科院校在教学水平和学生培养水平方面都落后于211工程院校和985工程院校。一方面,从师资来看,985工程院校和211工程院校的师资无论是在学历层次还是职称方面都优于普通本科院校。例如,同为学前教育专业,某211工程院校的师资情况为专任教师19人,其中18人具有博士学位,具有教授职称者8人,副教授职称者7人,讲师职称者4人,拥有高级职称者占教师总数的79%;而某普通本科院校的师资情况为专任教师8人,学历层次均为硕士研究生,没有博士研究生,其中副教授2人,讲师3人,助教3人。尽管教师的数量、学历层次和职称水平不能完全代表该专业的教学水平和学生培养水平,但也不能忽视其在教学和学生培养方面的水平差异。另一方面,从所开设课程来看,985工程院校和211工程院校在开设的课程数量、种类等方面也要优于普通本科院校,而开设的课程数量和种类在某种程度上也会影响到对学生的培养水平。在某种程度上,数量越丰富,种类越多,学生从课堂上获取的知识与能力也就越多。此外,不同层次院校在校园文化等隐性课程方面也有较大差异。由上分析,

"校历"不同,学生所接受的教育养成便会有较大差异,一般说来,985工程院校和211工程院校学生的教育养成要优于普通本科院校。所以,从这个意义上说,横向学历成为一种新的社会分化机制是有其合理性的。

从学科门类专业来看,由于我国正处于工业化迅速发展的时期,对工程技术人员的需求十分旺盛,与之相对应,主修理工类专业尤其是工科类专业的大学毕业生,因为与社会发展对人才的需求相吻合,在毕业去向方面相对占有较大优势,毕业后占据的职位和待遇也都相对较高。而主修文科类专业的毕业生,由于受到社会对该类人才需求较少的限制,在毕业后的毕业去向方面处于劣势,待遇也较低。因此,从这个意义上说,横向学历成为一种新的社会分化机制也有其合理性。

再次,横向学历作为一种新的社会分化机制也会带来一定的问题。

一方面,横向学历价值的凸显会加剧现有的升学主义倾向。在高等教育大规模扩张以前,由于高等教育是一种稀缺资源,对个人社会地位的提升和生活状况的改善有较大影响,因此,普通民众为了其子女能够获得进入高等教育的机会,从小学甚至是幼儿园开始就努力安排子女进入重点学校、名校,并逐渐形成了一种以追求名校进而进入高等院校为特征的升学主义倾向。尽管高等教育规模扩张以后,获得高等教育入学机会的可能性增大,但由于随之而来的文凭贬值现象的出现和横向学历价值的凸显,民众开始追求进入名牌高校,尤其是985工程院校和211工程院校,在专业选择方面则追求进入理工类等就业形势较好的专业,避免进入文科类专业。而为了进入名牌高校和就业形势较好的理工类专业,民众对重点小学、初中和高中的追逐更加疯狂,这在某种程度上加剧了已有的升学主义倾向。

另一方面,单纯根据横向学历来对高校毕业生进行社会分流,也是有一定问题的。尽管横向学历在一定程度上能够代表高校毕业生的聪慧程度、学习能力、学业水平和将来从事工作的发展潜力,但也有很多实例证明,事实并非完全如此。某些来自普通本科院校的学生在聪慧程度、学习能力和学习水平以及将来的发展潜力方面并不会弱于来自985工程和211工程院校的毕业生,而来自985工程和211工程院校的毕业生也未必都优于来自普通本科院校的学生。由此,仅以横向学历对高校毕业生进行社会分流也有其不合理性。

第六章

获益的不平等性：各社会阶层高等教育的获益情况分析

第六章　获益的不平等性:各社会阶层高等教育的获益情况分析

对于教育在社会流动中的功能问题,传统的教育社会学理论有两种完全相反的观点。功能主义者认为,教育在社会流动中起着积极的作用,学校正在成为一种促进向上社会流动的重要力量,很多年轻人利用教育成为向上流动者。而与之相反的新马克思主义者则认为教育在社会流动方面起着再生产的作用,学校教育仅仅是再制了已有的社会结构,并没有促进向上的社会流动,甚至有阻碍作用。其中,鲍尔斯和金蒂斯认为教育过程是"社会结构再生产"的过程,而布尔迪厄则认为教育过程是"文化再生产"的过程。无论是"社会结构再生产"还是"文化再生产",都对教育在向上社会流动中的作用提出了质疑,甚至认为教育在阻碍着向上的社会流动。而另外一些研究者则把教育系统看作既是一种为能力优先服务的和平等主义的力量,又是一种现存社会结构可以借以自我永存的工具。丹尼尔·莱文等人就认为:"学校正在成为一种促进向上流动的力量,同时,也正在成为一种阻碍一部分人口流动的障碍……我们将看到两种情况都被接受的证据。"①

在我国,随着改革开放的持续推进和高等教育大规模扩招的展开,也有部分学者对通过我国经验资料的分析来验证西方学者的观点,得出的观点也不尽相同,印证教育有助于促进向上社会流动的有之,印证教育再制已有社会结构亦有之。单纯地把教育在社会流动方面的功能归结于一个方面是有所欠缺的,教育在社会流动中本来就扮演着双重角色,一方面能够促进向上的社会流动,另一方面则阻碍着部分群体的向上社会流动。而具体哪一种作用更明显,则取决于当时的社会结构状况和教育状况。

在研究这一问题时,有三个方面的背景是需要考虑的。第一,改革

---

① [美]丹尼尔·U.莱文,[美]瑞依娜·F.莱文.教育社会学(第九版)[M].郭峰、黄雯,郭菲,译.中国人民大学出版社,2010:200.

开放三十多年来,我国的社会结构已经发生了较大变化,社会结构逐渐固化的趋势越来越明显,社会流动的空间不断缩小,社会流动的成本持续增加;第二,我国的社会分化越来越复杂,社会分化成不同的阶层,且阶层之间的边界日益明显,在研究中采用了十大阶层的划分;第三,自20世纪末开始高等教育大规模扩张,文凭贬值随之而来。在这样一种背景下,分析调查所得数据来考察不同社会阶层通过高等教育的获益情况,进而探讨教育在社会流动中的作用问题。

在第二章中,我们已经对本研究所运用的调查及数据情况做了详细交代。下面将通过对调查中所涉及的出身于不同社会阶层的毕业生的毕业去向进行分析,来考察我国不同社会阶层高等教育的获益情况。

在前面的分析中,学生家庭的社会阶层位置被操作化为父母的职业、父母的工作单位和父母的学历六个因素。在本章中,基于研究的方便,仅以父亲职业作为衡量学生所处阶层位置的标准。通过分析父亲职业不同的毕业生的毕业去向,来考察不同阶层高等教育的获益情况。

第一节 出身于不同社会阶层毕业生的毕业去向分布情况

本部分将分别以父亲职业和以毕业生的毕业去向为维度对出身于不同社会阶层毕业生的毕业去向情况进行分析,并以考取研究生、考取公务员、成为专业技术人员、出国留学、成为事业单位办事人员等较佳毕业去向的比例作为衡量高等教育获益情况的一个参照标准。

本研究采用陆学艺等人的划分,将社会阶层划分为国家与社会管理者、经理人员等十大阶层。下面就分别考察出身于这十大阶层毕业生的毕业去向情况。出身于社会十大阶层毕业生的毕业分布情况详见表6-1:

第六章 获益的不平等性:各社会阶层高等教育的获益情况分析

表6-1 出身于社会十大阶层毕业生的毕业分布情况表

父亲职业		未定	读研究生	公务员	大学生村干部	事业单位办事人员(一般行政人员,秘书等)	自主创业	企业工人	专业技术人员(包括教师,工程师等)	企业办事人员(文秘,行政人员等)	商业服务业员工(包括银收银员,售货员,服务员等)	出国留学	其他	总计
国家与社会管理者	人数	44	81	23	5	4	8	1	17	10	0	24	0	217
	在该父亲职业中的占比	20.3%	37.3%	10.6%	2.3%	1.8%	3.7%	0.5%	7.8%	4.6%	0.0%	11.1%	0.0%	100.0%
	在该毕业去向中的占比	5.9%	9.6%	19.0%	29.4%	4.8%	12.9%	0.7%	4.6%	5.8%	0.0%	25.5%	0.0%	8.0%
经理人员	人数	28	60	11	0	7	7	0	20	19	1	17	0	170
	在该父亲职业中的占比	16.5%	35.3%	6.5%	0.0%	4.1%	4.1%	0.0%	11.8%	11.2%	0.6%	10.0%	0.0%	100.0%
	在该毕业去向中的占比	3.7%	7.1%	9.1%	0.0%	8.4%	11.3%	0.0%	5.4%	11.1%	3.8%	18.1%	0.0%	6.3%
私营企业主	人数	27	27	12	3	6	16	3	8	12	0	2	0	116
	在该父亲职业中的占比	23.3%	23.3%	10.3%	2.6%	5.2%	13.8%	2.6%	6.9%	10.3%	0.0%	1.7%	0.0%	100.0%
	在该毕业去向中的占比	3.6%	3.2%	9.9%	17.6%	7.2%	25.8%	2.1%	2.2%	7.0%	0.0%	2.1%	0.0%	4.3%

续表

父亲职业		未定	读研究生	公务员	大学生村干部	事业单位办事人员（一般行政人员、秘书等）	自主创业	企业工人	专业技术人员（包括教师、工程师等）	企业办事人员（文秘、行政人员等）	商业服务业员工（包括收银员、售货员、服务员等）	出国留学	其他	总计
个体工商户	人数	156	147	16	1	19	10	24	73	29	6	7	5	493
	在该父亲职业中的占比	31.6%	29.8%	3.2%	0.2%	3.9%	2.0%	4.9%	14.8%	5.9%	1.2%	1.4%	1.0%	100.0%
	在该毕业去向中的占比	20.9%	17.4%	13.2%	5.9%	22.9%	16.1%	16.6%	19.6%	17.0%	23.1%	7.4%	29.4%	18.2%
专业技术人员（包括教师、工程师、医生等）	人数	80	118	19	0	6	3	12	44	18	3	23	0	326
	在该父亲职业中的占比	24.5%	36.2%	5.8%	0.0%	1.8%	0.9%	3.7%	13.5%	5.5%	0.9%	7.1%	0.0%	100.0%
	在该毕业去向中的占比	10.7%	13.9%	15.7%	0.0%	7.2%	4.8%	8.3%	11.8%	10.5%	11.5%	24.5%	0.0%	12.1%
产业工人	人数	114	139	11	2	15	8	28	56	23	6	10	1	413
	在该父亲职业中的占比	27.6%	33.7%	2.7%	0.5%	3.6%	1.9%	6.8%	13.6%	5.6%	1.5%	2.4%	0.2%	100.0%
	在该毕业去向中的占比	15.2%	16.4%	9.1%	11.8%	18.1%	12.9%	19.3%	15.1%	13.5%	23.1%	10.6%	5.9%	15.3%

续表

父亲职业		毕业去向												总计
		未定	读研究生	公务员	大学生村干部	事业单位办事人员(一般行政人员,秘书等)	自主创业	企业工人	专业技术人员(包括教师,工程师等)	企业办事人员(文秘,行政人员等)	商业服务业员工(包括收银员,售货员,服务员等)	出国留学	其他	
办事人员	人数	27	32	7	0	3	0	7	8	5	1	3	0	93
	在该父亲职业中的占比	29.0%	34.4%	7.5%	0.0%	3.2%	0.0%	7.5%	8.6%	5.4%	1.1%	3.2%	0.0%	100.0%
	在该毕业去向中的占比	3.6%	3.8%	5.8%	0.0%	3.6%	0.0%	4.8%	2.2%	2.9%	3.8%	3.2%	0.0%	3.4%
商业服务业员工(包括收银员,售货员,服务员等)	人数	8	10	0	1	3	0	4	6	5	0	2	0	39
	在该父亲职业中的占比	20.5%	25.6%	0.0%	2.6%	7.7%	0.0%	10.3%	15.4%	12.8%	0.0%	5.1%	0.0%	100.0%
	在该毕业去向中的占比	1.1%	1.2%	0.0%	5.9%	3.6%	0.0%	2.8%	1.6%	2.9%	0.0%	2.1%	0.0%	1.4%
农业劳动者	人数	254	214	22	5	19	9	64	132	48	9	2	9	787
	在该父亲职业中的占比	32.3%	27.2%	2.8%	0.6%	2.4%	1.1%	8.1%	16.8%	6.1%	1.1%	0.3%	1.1%	100.0%
	在该毕业去向中的占比	34.0%	25.3%	18.2%	29.4%	22.9%	14.5%	44.1%	35.5%	28.1%	34.6%	2.1%	52.9%	29.1%

续表

父亲职业			毕业去向												
			未定	读研究生	公务员	大学生村干部	事业单位办事人员（一般行政人员,秘书等）	自主创业	企业工人	专业技术人员（包括教师,工程师等）	企业办事人员（文秘,行政人员等）	商业服务业员工（包括收银员,售货员,服务员等）	出国留学	其他	总计
城乡无业、失业或半失业人员	人数		10	19	0	0	1	1	2	8	2	0	4	2	49
	在该父亲职业中的占比		20.4%	38.8%	0.0%	0.0%	2.0%	2.0%	4.1%	16.3%	4.1%	0.0%	8.2%	4.1%	100.0%
	在该毕业去向中的占比		1.3%	2.2%	0.0%	0.0%	1.2%	1.6%	1.4%	2.2%	1.2%	0.0%	4.3%	11.8%	1.8%
总计	人数		748	847	121	17	83	62	145	372	171	26	94	17	2703
	在该父亲职业中的占比		27.7%	31.3%	4.5%	0.6%	3.1%	2.3%	5.4%	13.8%	6.3%	1.0%	3.5%	0.6%	100.0%
	在该毕业去向中的占比		100.0%	100.0%	100.0%	100.0%	100.0%	100.0%	100.0%	100.0%	100.0%	100.0%	100.0%	100.0%	100.0%

第六章 获益的不平等性:各社会阶层高等教育的获益情况分析

一、以父亲职业为维度分析

以父亲职业为维度进行分析,通过表6-1可以看出:

在父亲职业为国家与社会管理者的毕业生中,毕业分布比例从高到低依次为:考取研究生者占37.3%,暂未确定毕业去向的占20.3%,出国留学者占11.1%,考取公务员者占10.6%,成为专业技术人员者占7.8%,成为企业办事人员者占4.6%,,自主创业者占3.7%,考取大学生村干部者占2.3%,作为办事人员进入事业单位者占1.8%,毕业去向为企业工人者占0.5%,没有人成为商业服务业员工。其中,毕业去向为考取研究生、出国留学、考取公务员、成为专业技术人员、作为办事人员进入事业单位等较佳去向者的比例高达68.6%;而未确定毕业去向者仅为20.3%。国家与社会管理者阶层通过高等教育获取了较好的收益。而且父子同职率为10.6%,由于国家与社会管理者在社会结构中处于优势位置,十分之一以上的父子同职率也是其较佳获益的证明。

在父亲职业为经理人员的毕业生中,毕业分布比例从高到低依次为:考取研究生者占35.3%,暂未确定毕业去向者占16.5%,成为专业技术人员者占11.8%,成为企业办事人员者占11.2%,出国留学者占10.0%,考取公务员者占6.5%,作为办事人员进入事业单位者占4.1%,自主创业者占4.1%,成为商业服务业员工者占0.6%,没有人考取大学生村干部,也没有人成为企业工人。其中,毕业去向为考取研究生、出国留学、考取公务员、成为专业技术人员、作为办事人员进入事业单位等较佳毕业去向者的比例达67.5%,而未确定毕业去向者仅有16.5%。这组数据也说明,企业经理阶层通过高等教育也获取了较好的收益。

在父亲职业为私营企业主的毕业生中,毕业分布比例从高到低依次为:暂未确定毕业去向者占23.3%,考取研究生者占23.3%,自主创业者占 13.8%,考取公务员者占 10.3%,成为企业办事人员者占 10.3%,成为专业技术人员者占 6.9%,作为办事人员进入事业单位者占 5.2%,考取大学生村干部者占 2.6%,成为企业工人者占 2.6%,出国留学者占 1.7%,没有人成为商业服务业员工。其中,毕业去向为考取研究生、出国留学、考取公务员、成为专业技术人员、作为办事人员进入事业单位等较佳毕业去向者的比例达 47.2%,而未确定毕业去向者有 23.3%。私营企业主阶层通过高等教育也获取了一定的收益,但收益比例要低于国家与社会管理者阶层和企业经理阶层。

在父亲职业为个体工商户的毕业生中,毕业分布比例从高到低依次为:暂未确定毕业去向者占 31.6%,考取研究生者占 29.8%,成为专业技术人员者占 14.8%,成为企业办事人员者占 5.9%,成为企业工人者占 4.9%,作为办事人员进入事业单位者占 3.9%,考取公务员者占 3.2%,自主创业者占 2.0%,出国留学者占 1.4%,成为商业服务业员工者占 1.2%,考取大学生村干部者占 0.2%,此外还有 1% 的学生选择了其他毕业去向。其中,毕业去向为考取研究生、出国留学、考取公务员、成为专业技术人员、作为办事人员进入事业单位等较佳毕业去向者的比例达 54.1%,而未确定毕业去向者有 31.6%。这组数据说明个体工商户的高等教育获益比例也比较高。

在父亲职业为专业技术人员的毕业生中,毕业分布比例从高到低依次为:考取研究生者占 36.2%,暂未确定毕业去向者占 24.5%,成为专业技术人员者占 13.5%,出国留学者占 7.1%,考取公务员者占 5.8%,成为企业办事人员者占 5.5%,成为企业工人者占 3.7%,作为办事人员进入事业单位者占 1.8%,自主创业者占 0.9%,成为商业服务业员工者占 0.9%,没有人考取大学生村干部。其中,毕业去向为考取研究生、出国留学、考取公务员、成为专业技术人员、作为办事人员进入事业单位等较佳毕业去向者的比例达 64.4%,而未确定毕业去向者有

24.5%。这组数据说明,职业技术人员阶层的高等教育获益比例也比较高,仅次于国家与社会管理者阶层和企业经理人员阶层。

在父亲职业为产业工人的毕业生中,毕业分布比例从高到低依次为:考取研究生者33.7%,暂未确定毕业去向者占27.6%,成为专业技术人员者占13.6%,成为企业工人者占6.8%,成为企业办事人员者占5.6%,作为办事人员进入事业单位者占3.6%,考取公务员者占2.7%,出国留学者占2.4%,自主创业者占1.9%,成为商业服务业员工者占1.5%,考取大学生村干部者占0.5%,此外还有0.2%的学生选择了其他毕业去向。其中,毕业去向为考取研究生、出国留学、考取公务员、成为专业技术人员、作为办事人员进入事业单位等较佳毕业去向者的比例达56%,而未确定毕业去向者有27.6%。由此可见,企业工人阶层在高等教育方面也有较好的获益情况。

在父亲职业为办事人员的毕业生中,毕业分布比例从高到低依次为:考取研究生者占34.4%,暂未确定毕业去向者占29.0%,成为专业技术人员者占8.6%,考取公务员者占7.5%,成为企业工人者占7.5%,成为企业办事人员者占5.4%,出国留学者占3.2%,作为办事人员进入事业单位者占3.2%,成为商业服务业员工者占1.1%,没有人考取大学生村干部。其中,毕业去向为考取研究生、出国留学、考取公务员、成为专业技术人员、作为办事人员进入事业单位等较佳毕业去向者的比例达56.9%,而未确定毕业去向者有29.0%。这组数据说明,办事人员阶层通过高等教育也获取了较好的收益。

在父亲职业为商业服务业员工的毕业生中,毕业分布比例从高到低依次为:考取研究生者占25.6%,暂未确定毕业去向者占20.5%,成为专业技术人员者占15.4%,成为企业办事人员者占12.8%,成为企业工人者占10.3%,作为办事人员进入事业单位者占7.7%,出国留学者占5.1%,考取大学生村干部者占2.6%,没有人考取公务员、自主创业,也没有人成为商业服务业员工。其中,毕业去向为考取研究生、出国留学、成为专业技术人员、作为办事人员进入事业单位等较佳毕业去向者的比例53.8%,但未有考取公务员者,而未确定毕业去向者有20.5%。这说明商业服务业员工阶层通过高等教育也获取了一定的收益。

在父亲职业为农业劳动者的毕业生中,毕业分布比例从高到低依次为:暂未确定毕业去向者占32.3%,考取研究生者占27.2%,成为专业技术人员者占16.8%,成为企业办事人员者占6.1%,成为企业工人者占8.1%,考取公务员者占2.8%,作为办事人员进入事业单位者占2.4%,自主创业者占1.1%,成为商业服务业员工者占1.1%,考取大学生村干部者占0.6%,出国留学者占0.3%。除此之外,还有1.1%的学生选择了其他毕业去向。其中,毕业去向为考取研究生、出国留学、考取公务员、成为专业技术人员、作为办事人员进入事业单位等较佳毕业去向者的比例达49.5%,而未确定毕业去向者高达32.2%。这组数据说明,农业劳动者阶层通过高等教育获取了一定的收益,但相比其他阶层在获益方面处于劣势。

在父亲职业为城乡无业、失业或半失业人员的毕业生中,毕业分布比例从高到低依次为:考取研究生者占38.8%,暂未确定毕业去向者占20.4%,成为专业技术人员者占16.3%,出国留学者占8.2%,成为企业工人者占4.1%,成为企业办事人员者占4.1%,作为办事人员进入事业单位者占2.0%,自主创业者占2.0%,另有4.1%的学生选择了其他毕业去向,没有学生考取公务员、大学生村干部,也没有学生的毕业去向为商业服务业员工。其中,毕业去向为考取研究生、出国留学、成为专业技术人员、作为办事人员进入事业单位等较佳毕业去向者的比例达65.3%,而未确定毕业去向者高达20.4%。这组数据说明,尽管城乡无业、失业、半失业阶层在社会阶层结构中处于底层,但通过高等教育也有较高的获益。其原因大部分在于出身于该阶层的学生付出了比其他阶层更大的努力,同时也有更强烈的通过高等教育改变自身状况的愿望。

通过上面的分析可以看到,出身于十大社会阶层的毕业生在获取较好毕业出路方面的比例从高到低依次为:国家与社会管理者阶层 68.6%,企业经理人员阶层 67.5%,城乡无业、失业或半失业人员阶层为 65.3%,专业技术人员阶层 64.4%,办事人员阶层为 56.9%,企业工人阶层 56%,个体工商户阶层为 54.1%,商业服务业员工阶层为 53.8%,农业劳动者阶层为 49.5%,私营企业主阶层为 47.2%。由此可见,出身于不同社会阶层的毕业生都有五分之二以上获得了较好的毕业出路,但是出身于不同社会阶层的毕业生在获取较好毕业出路方面有较大的差异。出身于国家与社会管理者阶层的毕业生获取较佳毕业出路的比例最大;出身于企业经理人员阶层,城乡无业、失业或半失业人员阶层以及专业技术人员阶层的毕业生获取较佳毕业出路的比例仅次于国家与社会管理者阶层;而出身于农业劳动者阶层和私营企业主阶层的毕业生获取较佳毕业出路的比例最低,其中比例最低的出身于私营企业主阶层的毕业生,在获取较佳毕业出路方面比国家与社会管理者阶层低 21.4%,出身于农业劳动者阶层的毕业生在获取较佳毕业出路方面比国家与社会管理者阶层低 19.1%。因此可以说,不同社会阶层通过高等教育都获取了一定的收益,但收益是有较大差异的。

二、以高校毕业生的毕业去向为维度进行分析

接下来,再以不同毕业去向为维度对这一问题进行分析。同时,为了更好地对各个阶层的情况进行比较,我们再次引入辈出率概念,通过考察不同毕业去向毕业生的阶层辈出率来对其进行比较。其中,每一毕业去向的阶层辈出率为该毕业去向的不同阶层学生的比例与该阶层在整个社会阶层结构中的比例之比,用公式表示为:每一毕业去向的阶层辈出率＝该毕业去向学生中出身于不同阶层的比例÷该阶层在整个社会阶层结构中的比例。① 在每一毕业去向中，阶层辈出率越大，说明出身于该阶层的学生在这一毕业去向中越占优势。

由表 6-1 可知：

(1) 暂未确定毕业去向毕业生的情况

就暂未确定毕业去向的毕业生来看，其父亲职业比例由高到低依次为：农业劳动者占 34.0%，个体工商户占 20.9%，产业工人占 15.2%，专业技术人员占 10.7%，国家与社会管理人员占 5.9%，经理人员占 3.7%，私营企业主占 3.6%，办事人员占 3.6%，城乡无业、失业、半失业人员的占 1.3%，商业服务业员工占 1.1%。

而从暂未确定毕业去向毕业生的阶层辈出率来看，农业劳动者阶层为 0.77，个体工商户阶层为 4.98，产业工人阶层为 0.67，专业技术人员阶层为 2.1，国家与社会管理者阶层为 2.81，经理人员阶层为 2.45，私营企业主阶层为 6，办事人员阶层为 0.75，城乡无业、失业、半失业者阶层为 0.42，商业、服务业员工阶层为 0.09。由以上数据可以看出，个体工商户阶层、专业技术人员阶层、国家与社会管理者阶层、经理人员阶层和私营企业主阶层在暂未确定毕业去向方面的阶层辈出率都高于 1；而农业劳动者阶层，产业工人阶层，办事人员阶层，城乡无业、失业、半失业者阶层，商业服务业员工阶层在暂未确定毕业去向方面的阶层辈出率都小于 1。

从暂未确定毕业去向的情况来看，在高等教育获益方面，看似个体工商户阶层、专业技术人员阶层、国家与社会管理者阶层、经理人员阶

---

① 十大社会阶层在整个社会阶层结构中所占比例为：国家与社会管理者阶层 2.1%，经理人员阶层 1.5%，私营企业主阶层 0.6%，专业技术人员阶层 5.1%，办事人员阶层 4.8%，个体工商户阶层 4.2%，商业服务业员工阶层 12%，产业工人阶层 22.6%，农业劳动者阶层 44%，城乡无业、失业、半失业者阶层 3.1%。资料来源：陆学艺.当代中国社会阶层研究报告[M].北京：社会科学文献出版社,2002.

层和私营企业主阶层处于劣势,而农业劳动者阶层、产业工人、办事人员阶层,城乡无业、失业、半失业者阶层,商业服务业员工阶层处于优势,实则未必如此。原因在于:一方面,农业劳动者阶层、产业工人阶层、办事人员阶层、商业服务业员工阶层在高等教育入学机会的阶层辈出率方面处于较大劣势,进入高等教育的比例要低于其在整个社会阶层结构中的比例,自然在暂未确定毕业去向方面的比例与阶层辈出率也会相应减少;而个体工商户阶层、专业技术人员阶层、国家与社会管理者阶层、经理人员阶层和私营企业主阶层在高等教育入学机会方面占有较大优势,进入高等教育的比例要远高于其在整个社会阶层结构中所占的比例,所以其在暂未确定毕业去向方面阶层辈出率较高也就可以理解了。另一方面,暂未确定毕业去向对双方来说,意义也是不一样的,来自于国家与社会管理者等社会优势阶层的毕业生是对能够确定的毕业去向不满意,所以才暂未确定毕业去向;而来自农业劳动者等社会中下层的毕业生则确实是无法落实毕业去向。

(2) 考取研究生毕业生的情况

就毕业去向为考取研究生的毕业生来看,其父亲职业比例由高到低依次为:农业劳动者占 25.3%,个体工商户占 17.4%,产业工人占 16.4%,专业技术人员占 13.9%,国家与社会管理人员占 9.6%,企业经理占 7.1%,办事人员占 3.8%,私营企业主占 3.2%,城乡无业、失业、半失业占 2.2%,商业服务业员工占 1.2%。

从阶层辈出率来看,农业劳动者为 0.58,个体工商户为 4.14,产业工人为 0.73,专业技术人员为 2.73,国家与社会管理者为 4.57,经理人员为 4.73,办事人员为 0.79,私营企业主为 5.33,城乡无业、失业、半失业者为 0.71,商业服务业员工为 0.1。其中,出身于个体工商户阶层、专业技术人员阶层、国家与社会管理者阶层、企业经理阶层、私营企业主阶层的毕业生,在考取研究生方面的阶层辈出率都大于 1,在考取研究生这一毕业去向方面占有优势;而农业劳动者阶层,产业工人阶层、办事人员阶层、城乡无业、失业、半失业人员阶层、商业服务业员工阶层在考取研究生方面的阶层辈出率都小于1,在考取研究生这一毕业去向方面处于劣势。

(3) 考取公务员毕业生的情况

就毕业去向为考取公务员的毕业生来看,其父亲职业比例由高到低依次为:国家与社会管理者占19.0%,农业劳动者占18.2%,专业技术人员占15.7%,个体工商户占13.2%,私营企业主占9.9%,企业经理者占9.1%,产业工人占9.1%,办事人员占5.8%,商业服务业员工和城乡无业、失业、半失业人员没有子女考取公务员。

就阶层辈出率来看,国家与社会管理者阶层为9.05,农业劳动者阶层为0.41,专业技术人员阶层为3.08,个体工商户阶层为3.14,私营企业主阶层为16.5,经理人员阶层为6.07,产业工人阶层为0.4,办事人员阶层为1.21,商业服务业员工和城乡无业、失业、半失业人员阶层为0。其中,出身于国家与社会管理者阶层、专业技术人员阶层、个体工商户阶层、私营企业主阶层、经理人员阶层和办事人员阶层的毕业生,在考取公务员方面的阶层辈出率都大于1,在考取公务员这一毕业去向方面占有优势,尤其是私营企业主阶层、国家与社会管理者阶层和经理人员阶层,优势十分明显;而农业劳动者阶层、产业工人阶层在考取公务员这一毕业去向方面的阶层辈出率均小于1,商业服务业员工阶层和城乡无业、失业、半失业人员阶层在考取公务员这一毕业去向方面的阶层辈出率则为0,四个阶层的劣势也十分明显。

(4) 考取大学生村干部毕业生的情况

就毕业去向为考取大学生村干部的毕业生来看,其父亲职业比例由高到低依次为:国家与社会管理者占29.4%,农业劳动者占29.4%,私营企业主占17.6%,产业工人占11.8%,个体工商户占5.9%,商业服务业员工占 5.9%,经理人员、专业技术人员、办事人员和城乡无业、失业、半失业人员均为 0。

就阶层辈出率来看,国家与社会管理人员阶层为 14,农业劳动者阶层为 0.67,私营企业主阶层为 29.3,产业工人者阶层为 0.52,个体工商户阶层为 1.41,商业服务业员工阶层为 0.49,经理人员、专业技术人员、办事人员和城乡无业、失业、半失业人员阶层均为 0。由来自社会阶层结构中占优势位置的经理人员、专业技术人员等阶层的毕业生都没有人考取大学生村干部来看,考取大学生村干部并不是一项很好的毕业去向。而且考取大学生村干部是针对农村的,但来自农业劳动者阶层、产业工人阶层和商业服务业员工阶层的毕业生在考取大学生村干部方面的阶层辈出率仍然低于 1,而国家与社会管理者阶层和私营企业主阶层的辈出率都高于 10 以上。这说明,来自社会中下层的毕业生在考取大学生村干部这一毕业去向方面仍然有较大劣势,而来自国家与社会管理者和私营企业主阶层的毕业生则具有明显优势。

(5) 毕业去向为事业单位办事人员毕业生的情况

就毕业去向为事业单位办事人员的毕业生来说,其父亲职业比例由高到低依次为:农业劳动者占 22.9%,个体工商户占 22.9%,产业工人占 18.1%,企业经理占 8.4%,私营企业主占 7.2%,专业技术人员占 7.2%,国家与社会管理者占 4.8%,办事人员占 3.6%,商业服务业员工占 3.6%,城乡无业、失业、半失业人员占 1.2%。

就阶层辈出率来看,农业劳动者阶层为 0.23,个体工商户阶层为 5.45,产业工人阶层为 0.8,经理人员阶层 5.6,私营企业主阶层为 12,专业技术人员阶层为 1.41,国家与社会管理者阶层为 2.29,办事人员阶层为 0.75,商业服务业员工阶层为 0.3,城乡无业、失业、半失业者阶层为 0.39。其中,农业劳动者阶层、产业工人阶层、办事人员阶层、商业服务业员工阶层和城乡无业、失业、半失业阶层的阶层辈出率均小于 1,出身于这些阶层的毕业生在成为事业单位办事人员方面处于劣势;而个体工商户、经理人员、私营企业主、专业技术人员和国家与社会管理者阶层的辈出率均大于1,出身于这些阶层的毕业生在成为事业单位办事人员方面占有优势。

(6) 毕业去向为自主创业毕业生的情况

就毕业去向为自主创业的毕业生来说,其父亲职业比例由高到低依次为:私营企业主占25.8%,个体工商户占16.1%,农业劳动者占14.5%,国家与社会管理者占12.9%,产业工人占12.9%,经理人员占11.3%,专业技术人员占4.8%,城乡无业、失业、半失业人员占1.6%,办事人员和商业服务业员工皆为0。

就阶层辈出率来看,私营企业主阶层为43,个体工商户阶层为3.83,农业劳动者阶层为0.33,国家与社会管理人员阶层为6.14,产业工人阶层为0.57,经理人员阶层为7.53,专业技术人员阶层为0.94,城乡无业、失业、半失业人员阶层为0.52,办事人员者和商业服务业员工阶层皆为0。其中私营企业主阶层为最高,个体工商户阶层、经理人员阶层等经济资本较为雄厚的阶层,阶层辈出率也高于1;除此之外,国家与社会管理者阶层的阶层辈出率也高于1。来自于上述阶层的毕业生在自主创业方面有较大优势。而其他阶层的阶层辈出率均小于1,在自主创业方面处于劣势。这可能是与自主创业需要一定的经济资本和社会资本有关,个体工商户、经理人员、私营企业主和国家与社会管理者阶层在经济资本和社会资本方面占有较大优势,所以出身于上述阶层的毕业生在自主创业方面也占据优势。而农业劳动者、产业工人、商业服务业员工等阶层在经济资本和社会资本方面相对缺乏,所以来自上述阶层的毕业生在自主创业方面也处于劣势。

(7) 毕业去向为企业工人的毕业生情况

就毕业去向为企业工人的毕业生来说,其父亲职业比例由高到低依次为:国家与社会管理者占 0.7%,私营企业主占 2.1%,个体工商户占 16.6%,专业技术人员占 8.3%,产业工人占 19.3%,办事人员占 4.8%,商业服务业员工占 2.8%,农业劳动者占 44.1%,城乡无业、失业、半失业人员占 1.4%,经理人员为 0。

由阶层辈出率来看,国家与社会管理者阶层为 0.33,私营企业主阶层为 3.5,个体工商户阶层为 3.95,专业技术人员阶层为 1.63,产业工人阶层为 0.85,办事人员阶层为 1,商业服务业员工阶层为 0.23,农业劳动者阶层为 1,城乡无业、失业、半失业人员阶层为 0.45,经理人员阶层为 0。以上数据说明,在成为企业工人这一毕业去向方面,私营企业主阶层、个体工商户阶层、专业技术人员阶层和农业劳动者阶层占有一定的优势;而国家与社会管理者阶层,产业工人阶层,商业服务业员工阶层,城乡无业、失业、半失业人员阶层和经理人员阶层则相对处于劣势。

(8) 毕业去向为专业技术人员的毕业生情况

就毕业去向为专业技术人员的毕业生来说,其父亲职业比例从高到低依次为:农业劳动者占 35.5%,个体工商户占 19.6%,产业工人占 15.1%,专业技术人员占 11.8%,经理人员占 5.4%,国家与社会管理者占 4.6%,私营企业主占 2.2%,办事人员占 2.2%,城乡无业、失业、半失业人员占 2.2%,商业服务业员工占 1.6%。

由阶层辈出率来看,农业劳动者阶层为 0.81,个体工商户阶层为 4.67,产业工人阶层为 0.67,专业技术人员阶层为 2.31,经理人员阶层为 3.6,国家与社会管理者阶层为 2.19,私营企业主阶层为 3.67,办事人员阶层为 0.46,城乡无业、失业、半失业人员阶层为 0.71,商业服务业员工阶层为 0.13。由此可以看出,在成为专业技术人员这一毕业去向方面,个体工商户阶层、专业技术人员阶层、经理人员阶层、国家与社会管理者阶层和私营企业主阶层的辈出率均大于 1,占有优势;而农业劳动者阶层,产业工人阶层,办事人员阶层,城乡无业、失业、半失业人员阶层以及商业服务业员工阶层的辈出率均小于1,处于劣势。

(9) 毕业去向为企业办事人员的毕业生情况

就毕业去向为企业办事人员的毕业生来说,其父亲职业比例由高到低依次为:农业劳动者占28.1%,个体工商户占17.0%,产业工人占13.5%,经理人员占11.1%,专业技术人员占10.5%,私营企业主占7.0%,国家与社会管理者占5.8%,办事人员占2.9%,商业服务业员工占2.9%,城乡无业、失业、半失业人员占1.2%。

由阶层辈出率来看,农业劳动者阶层为0.64,个体工商户阶层为4.05,产业工人者占0.6,经理人员阶层为7.4,专业技术人员阶层为2.06,私营企业主阶层为11.67,国家与社会管理者阶层为2.76,办事人员阶层为0.6,商业服务业员工阶层为0.24,城乡无业、失业、半失业者阶层为0.39。其中,个体工商户阶层、经理人员阶层、专业技术人员阶层、私营企业主阶层、国家与社会管理人员阶层的辈出率大于1,这些阶层的学生在毕业后成为企业办事人员方面处于优势;而农业劳动者阶层,产业工人阶层,办事人员阶层,商业服务业人员阶层和城乡无业、失业、半失业人员阶层的辈出率均小于1,这些阶层的学生在毕业后成为企业办事人员方面处于劣势。

(10) 毕业去向为商业服务业员工毕业生的情况

就毕业去向为商业服务业员工的毕业生来说,其父亲职业比例由高到低依次为:农业劳动者占34.6%,个体工商户占23.1%,产业工人占23.1%,专业技术人员占11.5%,办事人员占3.8%,企业经理占3.8%,国家与社会管理者,私营企业主,商业服务业员工和城乡无业、失业、半失业人员均为0。

由阶层辈出率来看,农业劳动者阶层为0.79,个体工商户者阶层为5.5,产业工人阶层为1.02,专业技术人员阶层为2.25,办事人员阶层为0.79,经理人员阶层为2.53,国家与社会管理者,私营企业主,商业服务业员工和城乡无业、失业、半失业人员阶层均为0。以上数据显示，在毕业去向为商业服务业员工方面，个体工商户阶层、产业工人阶层、专业技术人员阶层和经理人员阶层的阶层辈出率高于1，具有一定的优势；而农业劳动者、办事人员等阶层的辈出率小于1，处于劣势。来自国家与社会管理者，私营企业主，商业服务业员工和城乡无业、失业、半失业人员等阶层的毕业生则未有毕业去向为商业服务业员工者。

（11）毕业去向为出国留学毕业生的情况

就毕业去向为出国留学的毕业生来说，其父亲职业比例由高到低依次为：国家与社会管理者占25.5%，专业技术人员占24.5%，经理人员占18.1%，产业工人占10.6%，个体工商户占7.4%，城乡无业、失业、半失业者占4.3%，办事人员占3.2%，私营企业主占2.1%，商业服务业员工占2.1%，农业劳动者占2.1%。

由阶层辈出率来看，国家与管理者阶层为12.14，专业技术人员阶层为4.8，经理人员阶层为12.01，产业工人阶层为0.47，个体工商户阶层为1.76，城乡无业、失业、半失业者阶层为1.39，办事人员阶层为0.67，私营企业主阶层为3.5，商业服务业员工阶层为0.18，农业劳动者阶层为0.05。上述数据显示，国家与社会管理者，专业技术人员，经理人员，个体工商户，私营企业主，城乡无业、失业、半失业者等阶层的辈出率大于1，在出国留学方面占有较大优势；而产业工人阶层、办事人员阶层、商业服务业员工阶层和农业劳动者阶层的辈出率小于1，在出国留学方面处于劣势。同时，在出国留学这一毕业去向方面，不同阶层之间的差距极大，阶层辈出率最高者是最低者的242.8倍。其中又以农业劳动者阶层最为不利，仅比其高一位的商业服务业员工阶层的辈出率亦达到其3.5倍。

第二节 "哑铃型"获益结构:各阶层的高等教育获益情况分析

上面从两个维度分析了出身于不同社会阶层毕业生的毕业去向情况,在此基础上,本研究对各阶层的高等教育获益情况进行了一个综括。通过上面的分析发现,不同社会阶层的高等教育获益情况有两极分化的表现,十大社会阶层基本上分化为获益显著阶层和获益较少阶层两个部分,呈现出一种聚焦两端、中间几乎可以忽略不计的"哑铃型"获益结构,其中国家与社会管理者、专业技术人员、经理人员、私营企业主和个体工商户阶层为"哑铃"的一极,为获益显著阶层;而办事人员、商业服务业员工、产业工人、农业劳动者和城乡无业、失业、半失业人员等阶层为"哑铃"的另一极,为获益较少阶层。也就是说,在社会十大阶层的高等教育获益方面,要么为获益较多阶层,要么为获益较少阶层,而不存在中间状态的部分获益阶层。

一、获益显著:国家与社会管理者、专业技术人员、经理人员、私营企业主和个体工商户等阶层的高等教育获益情况分析

从出身于各阶层的毕业生在每一毕业去向方面的阶层辈出率来看,国家与社会管理者、专业技术人员、经理人员、私营企业主和个体工商户等阶层在每一毕业去向方面的阶层辈出率几乎均大于1,由此可以说,上述五大社会阶层在高等教育获益情况方面处于全面优势位置,获益显著。

从毕业去向为考取研究生、公务员、出国留学、成为事业单位办事人员、专业技术人员等较佳毕业去向来看,上述五大阶层的阶层辈出率都大于1,占有较大的优势,获益明显。比如,在考取研究生方面,仅有

出身于专业技术人员阶层的毕业生阶层辈出率为 2.73,其他四个社会阶层的阶层辈出率均高于 4;在考取公务员方面,专业技术人员和个体工商户阶层的阶层辈出率都高于 3,而经理人员的阶层辈出率高于 6,国家与社会管理者阶层的阶层辈出率高于 9,而私营企业主阶层的阶层辈出率高达 16 以上;在出国留学方面,国家与社会管理者和经理人员阶层的阶层辈出率都高于 12,其他三个阶层的阶层辈出率也在 1 到 4 之间。

在暂未确定毕业去向、成为企业办事人员、企业工人、商业服务业员工、考取大学生村干部和自主创业等较差毕业去向方面,上述五大社会阶层的阶层辈出率也几乎都大于 1,仅有出身于个别阶层的毕业生在毕业去向为大学生村干部、商业服务业员工、产业工人等较差毕业去向方面的辈出率小于 1。这看似表明上述五大阶层在高等教育去向方面也存在着获益较少的情况。但事实并非如此,这是与其较高的高等教育入学机会阶层辈出率相吻合的,正是因为上述五大社会阶层在高等教育入学机会方面远远超过其在社会阶层结构中的比例,所以其在较差毕业去向的阶层辈出率也高于 1,这一现象是其较高高等教育入学机会阶层辈出率的一种反映。另一方面,即使在较差毕业去向方面,上述五大社会阶层也处于优势位置,这就更加说明其高等教育获益显著的事实。

二、获益较少:办事人员、商业服务业员工、产业工人、农业劳动者和城乡无业、失业、半失业人员等阶层的高等教育获益情况分析

与获益显著的社会阶层不同,出身于办事人员、商业服务业员工、产业工人、农业劳动者和城乡无业、失业、半失业人员等阶层的毕业生,在每一毕业去向方面的阶层辈出率几乎均小于 1。所以说,上述五大社会阶层在高等教育获益方面处于获益较少状态。

从考取研究生、公务员、出国留学、成为事业单位办事人员、专业技术人员等较佳毕业去向方面看,上述五大社会阶层仅有办事人员阶层在考取公务员和城乡无业、失业、半失业人员阶层在出国留学方面的阶层辈出率出现大于1的情况,而其他社会阶层在较佳毕业去向方面的阶层辈出率均小于1,甚至某些阶层某些毕业去向的阶层辈出率低至0.05(农业劳动者阶层出国留学的阶层辈出率),这说明,上述五大社会阶层在较佳毕业去向方面处于劣势,与其在整个社会阶层结构中的比例明显不符,存在利益受损现象。

从暂未确定毕业去向、成为企业办事人员、商业服务业员工、产业工人、考取大学生村干部以及自主创业等较差毕业去向来看,上述五大社会阶层中,仅有产业工人阶层在成为商业服务业员工和农业劳动者阶层在成为产业工人方面的阶层辈出率大于1,而其他社会阶层在较差毕业去向方面的阶层辈出率也均小于1。在较差毕业去向方面的阶层辈出率也小于1说明两个问题:一方面说明上述五大社会阶层在高等教育入学机会方面处于劣势,高等教育入学机会要远远低于其在整个社会阶层结构中的比例,所以才会出现在较差毕业去向中阶层辈出率也小于1的情况;另一方面则更加证明了上述五大社会阶层在高等教育获益方面的利益受损情况,即使在较差毕业去向方面,他们的获益情况也处于劣势。

第三节 各阶层高等教育获益情况不平等的原因分析

通过上面的分析,在不同社会阶层的高等教育获益情况方面,本研究区分出了两个不同的群体,即获益显著群体和获益较少群体。为什么同样的高等教育,却造就了在获益方面两个截然不同的群体呢?原因包含两个方面:高等教育入学机会的差异是造成这一现象的直接原因,而不同社会阶层所拥有的总体性资本的多寡则是根本性原因。

一、直接原因:高等教育入学机会差异的直接表现

在第四章中,曾经对各个阶层在不同类型高校的高等教育入学机会阶层辈出率进行过统计,国家与社会管理者阶层、经理人员阶层、私营企业主阶层、专业技术人员阶层和个体工商户阶层在各种类型的高校中,其高等教育入学机会阶层辈出率都高于1,而且在211工程院校和985工程院校中的阶层辈出率更高,最高可达5.2,最低者也有2.59。出身于上述阶层的高校学生占整个高校学生的比例要远远高于该阶层在整个社会阶层结构中的比例。因此,首先,从总数量来看,由于其在各类高校的入学机会方面都占有优势,所以其毕业生的比例也必然高于其在整个社会阶层结构中的比例,其在各毕业去向方面的阶层辈出率都高于1也就成为必然,他们的高等教育获益程度也必然较高。其次,在上一章中曾经证明,进入不同类型高校对学生的毕业去向有较大大影响,而上述五个社会阶层在211工程院校和985工程院校的入学机会方面又占有更大优势,因此,他们在较佳毕业去向方面的显著优势也就理所应当。

与上述五个阶层相反,办事人员、商业服务业员工、产业工人、农业劳动者和城乡无业、失业、半失业者等阶层的各类高校入学机会阶层辈出率均小于1,而且大多数都低于0.5,最低者商业服务业员工在普通高等院校的入学机会阶层辈出率仅为0.09,最高者产业工人在211工程院校的入学机会阶层辈出率也不到1。无论是从总体数量来看,还是从进入211工程院校和985工程院校等较好高校的情况来看,出身于上述五个社会阶层的学生都低于他们在整个社会阶层结构中的比例。与之相对应,他们一方面在大多数毕业去向方面的阶层辈出率都

低于1,另一方面在较佳毕业去向方面的阶层辈出率更低也就变得容易理解了。

通过上述分析可以知道,由于国家与社会管理者、经理人员、私营企业主、专业技术人员和个体工商户等社会优势阶层的高等教育入学机会要远远高于办事人员、商业服务业员工、产业工人、农业劳动者和城乡无业、失业、半失业者等社会中下阶层,因此出身于社会优势阶层的毕业生在各个毕业去向尤其是较佳毕业去向方面占有优势,而出身于社会中下阶层的毕业生在各个毕业去向尤其是较佳毕业去向方面占有较大劣势也就成为必然。因此,不同社会阶层的高等教育获益的不平等实际上是不同社会阶层高等教育入学机会不平等的直接后果与反映。

二、根本原因:总体性资本的多寡决定着该阶层的高等教育获益情况

自布尔迪厄以来,资本这一概念的内涵就发生了重要的变化。在布尔迪厄以前,资本主要为一经济学概念,而不包含社会学的含义。布尔迪厄通过自己的理论对资本这一概念进行了重新阐释,将资本分为经济资本、文化资本和社会资本三种根本类型,并提出了另外一种特殊的具有重要意义的资本类型——符号资本[①],赋予了资本这一概念社会学的内涵,使其成为社会学中一个有较大解释力的概念,在社会学研究中有着广泛的应用。

由于我国所特有的社会体制,在我国除了布尔迪厄所确认的三种资本类型之外,还存在着另外一种重要的资本,即政治资本。在改革开放之前的国家社会主义再分配体制中,"政治资本是所有资本的核心,

---

① 详细论述参见:[法]皮埃尔·布迪厄,[美]华康德.实践与反思:反思社会学导引[M].李猛,李康,译.北京:中央编译出版社,2004:160-162.

其他的资本形式基本都是政治资本的附属物"①。而在改革开放之后的市场经济中,"经济资本的地位逐渐上升,渐渐成为占支配地位的资本形式"②。同时,政治资本的作用仍然较为强大。在分析中国社会转型期的精英形成过程时,孙立平等人又提出了总体性资本的概念,总体性资本不同于单一的政治资本、经济资本或文化资本,它可以发挥任何一种资本的作用,又不仅仅具有任何单一资本的作用,而是可以同时在政治、经济、文化、社会等领域发挥其影响力。笔者完全认同孙立平等人提出的总体性资本概念,尽管不同社会阶层所拥有的政治资本、经济资本、文化资本和社会资本在数量和结构方面都有所不同,但由于资本的可转换性,任何资本又都可以成为一种总体性资本,具有在任何领域发挥作用的能力,其中政治资本和经济资本作为总体性资本的能力更强。

  在上文的分析中得出了国家与社会管理者阶层、经理人员阶层、私营企业主阶层、专业技术人员阶层和个体工商户阶层是高等教育获益的优势阶层的实证结论。仔细分析这五个阶层会发现,他们都是总体性资本较为丰富的阶层。国家与社会管理者阶层拥有较多的以政治资本为核心的总体性资本;经理人员阶层、私营企业主阶层和个体工商户阶层拥有较多的以经济资本为核心的总体性资本;而专业技术人员拥有较多以文化资本为核心的总体性资本。恰恰是因为他们所拥有的总体性资本较为丰富,才使得他们在高等教育获益方面处于优势位置,而这又成为持续扩大其总体性资本的延续。由于在市场经济社会中,经济资本逐渐成为占支配形式的资本,政治资本也具有较强的向经济资本转化的能力,而文化资本在三种资本类型中转换的概率最低,所以,

---

① 孙立平.总体性资本与转型期精英形成[J].浙江学刊,2002(3).
② 孙立平.总体性资本与转型期精英形成[J].浙江学刊,2002(3).

在较好毕业出路方面的阶层辈出率方面,在经济资本为核心的总体性资本中占更大优势的经理人员阶层、私营企业主阶层和个体工商户阶层,甚至高于国家与社会管理者阶层;拥有较多以政治资本为核心的总体性资本的国家与社会管理者阶层又高于专业技术人员阶层。

与之相对应,在高等教育获益方面处于利益受损状态的办事人员阶层、商业服务业员工阶层、产业工人阶层、农业劳动者阶层和城乡无业、失业、半失业人员阶层,也是拥有总体性资本较少的阶层。无论是以政治资本、经济资本还是文化资本为核心的总体性资本,上述五个阶层的拥有量都较少,因此他们在高等教育获益方面处于劣势也就成为必然。

由上述分析可知,拥有总体性资本数量较多,尤其是同时在构成结构方面占有优势的阶层,在高等教育获益方面也占有较大优势;反之,拥有总体性资本数量较少的阶层,其在高等教育获益方面也处于获益较少的状态。而在高等教育获益方面的优劣情况又会反过来延续该阶层在总体性资本方面的优势或劣势,高等教育获益情况较佳的阶层又可以进一步增加其总体性资本的数量,并改善其资本的构成结构;而高等教育获益情况较差的阶层,则较少能改变其总体性资本的数量及其构成结构,只能延续其劣势。

由此,再来反思本章开篇提出的问题——教育在社会流动中到底是促进社会流动,还是再制已有的社会结构、阻碍社会流动呢?通过上面的分析发现,在我国当前状态下,教育在再制社会结构方面的作用要大于促进社会流动的作用。尽管社会中下层通过高等教育实现了少部分流动,但是在流动的数量和纵向跨度方面较小;而社会优势阶层则维持甚至扩大着其优势位置。

结 语

社会流动中的高等教育：作用及其限度

在第三章到第六章,我们通过实证分析,探讨了社会结构对高等教育分流流层结构和流向结构的影响,分析了高等教育分流对高校毕业生毕业去向的影响,考察了出身于不同社会阶层毕业生的毕业去向问题。在前面分析的基础上,本章将继续探讨高等教育在社会流动中的作用,以此作为本研究的暂时结束以及新研究的起点。

高等教育在社会流动中的作用,必然受制于社会结构的影响。如果社会结构对高等教育的制约较小,高等教育就可能成为一种促进社会流动的力量;相反,如果社会结构对高等教育的制约较大,则高等教育就会成为一种阻碍社会流动的力量。因此,要分析高等教育在社会流动中的作用,探讨社会结构对高等教育的制约与影响是必要的前提。

一、高等教育分流成为一种新的社会分化机制:社会结构影响高等教育的原因分析

随着高等教育大众化的到来,高等教育文凭开始出现较大贬值的现象,取得高等教育文凭已经从获取较佳毕业去向的充要条件变为必要与前提条件,而获取名牌高校的文凭开始成为获取较佳毕业去向的一个重要条件。与此同时,随着社会发展对工科类等实用性人才需求的不断增加,主修工科类等实用性专业也成为获取较佳毕业去向的一个重要条件。由此可见,进入何种层级的高校和何类专业对毕业生获取较好的毕业去向有重要的影响,即获取什么的横向学历直接影响其毕业去向;而获取什么样的横向学历又是通过高等教育分流来实现的。由此,高等教育分流开始转变为一种重要的社会分化机制,其社会分化的作用日益凸显,这在第五章的实证研究中已经得以证明。

由于高等教育分流在社会分化中的作用日益重要,获取较好的横向学历成为获取较佳毕业去向的重要条件,而较佳毕业去向又是在社会结构中获取较佳位置的前提。因此,为了维护、巩固甚至扩大优势,拥有较多总体性资本而在社会结构中占据优势位置的国家管理者阶层、经理人员阶层、私营企业主阶层、专业技术人员阶层和个体工商户阶层，必然会利用他们的总体性资本优势为其子女获取较好的横向学历。与此同时，拥有总体性资本较少且在社会结构中处于中下层的办事人员阶层、商业服务业员工阶层、产业工人阶层、农业劳动者阶层和城乡无业、失业、半失业人员阶层，也必然会尽可能地为其子女获取较好的横向学历努力，尽管实证结果发现他们的努力仅取得了极其有限的效果。

由上分析可知，获取较好横向学历进而获得较佳毕业去向并维持、巩固甚至提高其在社会阶层结构中的优势地位，为社会结构中占优势位置的阶层影响高等教育分流提供了必要性；而他们在总体性资本拥有量和构成结构方面的优势又为他们影响高等教育分流提供了可能性。

二、入学机会与毕业去向：社会结构对高等教育的双重制约

上面分析了社会结构影响高等教育的原因，接下来再分析社会结构影响高等教育的内容。通过第三章至第六章的实证分析可以发现，社会结构既对高等教育的入口即入学机会（包括进入何类高校和何类专业两层含义）产生了较大影响，又对高等教育的出口即毕业去向有较大制约，社会结构对高等教育有着双重制约性。

首先，社会结构影响着高等教育入学机会，进入何种层级的高校及何类专业都受到社会地域结构、性别结构和阶级阶层结构的影响。一般来说，来自于城市的学生比来自于农村的学生在高等教育入学机会方面占有优势，尤其是在进入较高层级高校方面；男性学生相比女性学生在高等教育入学机会方面也占有一定的优势，但是这种优势在逐渐缩小，目前这种优势在211工程院校中已经消失，仅在985工程院校中

还得以维持；而在社会阶层结构中占有优势地位的阶层，在高等教育入学机会方面也占有较大优势，尤其是在进入985工程院校方面，这种优势更加明显。

其次，社会结构尤其是社会阶层结构影响着高校毕业生的毕业去向，毕业生来自哪个社会阶层对其毕业去向也有较大影响。由于社会优势阶层在高等教育入学机会方面的巨大优势，他们几乎在每一毕业去向方面都占有优势，而且在较佳毕业去向方面优势更加明显。来自社会中下阶层的毕业生则几乎在每一毕业去向方面都处于劣势，即使在较差毕业去向方面也是如此。

尽管社会结构对高等教育入学机会和毕业去向产生着双重的影响，但是也要看到，这种影响不是无限的，而是存有一定的限度。具体说来，这种限度包括两个方面：第一，在社会结构中占据优势位置的群体尽管在高等教育入学机会和毕业去向方面都占有较大优势，但他们并没有完全垄断高等教育的入学机会和较佳的毕业去向，而是留出了一定的空间，因此说社会结构对高等教育的影响是存有限度的。第二，在社会结构中处于劣势的群体，尽管在高等教育入学机会和毕业去向方面都处于不利地位，但仍然有部分群体进入较好的高校和实用性较强的专业，并以此获取了较好的毕业去向，社会结构通过高等教育进行社会排斥也是存有限度的。

三、作用的限度：高等教育在社会流动中的作用分析

关于高等教育在社会流动中的作用问题，国内外学者都做了一定研究，基本上可以概括为三类观点：第一种观点认为高等教育在促进社会流动方面具有积极意义，是一种进步与解放的力量；第二种观点认为高等教育阻碍了社会流动，在促进社会流动方面是消极的，其主要作用是再制已有的社会结构并使其合法化；第三种观点则认为高等教育在

社会流动中的作用主要取决于当时社会结构的开放程度,社会结构的开放程度越高,高等教育在促进社会流动方面的作用就越大,反之则越小。在第六章的实证分析之后,得出了当前高等教育在我国社会流动中的作用主要是再制已有的社会结构,但也不能忽略其在促进社会流动中的积极意义的结论,基本上与第二种观点类似,但又有所不同。

上文中提出社会结构对高等教育的影响是有限度的,而这种限度也在某种程度上制约着高等教育在社会流动中的作用,使高等教育在社会流动中的作用也具有了一定限度。这种限度包含两个层面的含义:其一,高等教育在促进社会流动方面所起的作用是极其有限的,高等教育在某种程度上确实发挥着再制社会结构的功能,并使得这种结构再制披上了合法化的外衣;其二,高等教育在再制社会结构方面所起的作用又不是无限的,也存有一定的限度,尽管幅度很小,但仍然促进了部分群体的向上社会流动。

参考文献

一、著作类

1.［美］艾尔·巴比.社会研究方法[M].邱泽奇,译.北京:华夏出版社,2000.

2.［英］安东尼·吉登斯.社会的构成:结构化理论大纲[M].李康,李猛,译.北京:生活·读书·新知三联书店,1998.

3.［英］安东尼·吉登斯,社会学方法的新规则:一种对解释社会学的建设性批判[M].田佑中,刘江涛,译.北京:社会科学文献出版社,2003.

4.［英］安东尼·吉登斯.现代性的后果[M].田禾,译.南京:译林出版社,2000.

5.［英］安东尼·吉登斯.为社会学辩护[M].周云红,等,译.北京:社会科学文献出版社,2003.

6.［美］彼得·伯格.与社会学同游:人文主义的视角[M].何道宽,译.北京:北京大学出版社,2008.

7.［德］博尔诺夫.教育人类学[M].李其龙,等,译.上海:华东师范大学出版社,1999.

8.［美］边燕杰.市场转型与社会分层:美国社会学者分析中国[M].北京:生活·读书·新知三联书店,2002.

9.［美］边燕杰,吴晓刚,李路路.社会分层与流动:国外学者对中国研究的新进展[M].北京:中国人民大学出版社,2008.

10.［法］迪尔凯姆.社会学方法的规则[M].胡伟,译.北京:华夏出版社,1998.

11.［美］戴维·波普诺.社会学[M].李强,等译.北京:人民大学出版社,1999.

12.［美］丹尼尔·U.莱文,瑞依娜·F.莱文.教育社会学(第九版)[M].郭峰,黄雯,郭菲,译.北京:中国人民大学出版社,2010.

13.［美］华勒斯坦,等.学科·知识·权力[M].刘健芝,等译.北京:生活·读书·新知三联书店,1999.

14.［英］杰西·洛佩兹,［英］约翰·斯科特.社会结构[M].允春喜,译.长春:吉林人民出版社,2007.

15.［法］奥古斯特·孔德.论实证精神[M].黄建华,译.北京:商务印书馆,1996.

16.［美］C.赖特·米尔斯.社会学的想象力[M].陈强,张永强,译.第2版.北京:生活·读书·新知三联书店,2005.

17.［美］路易斯·科塞.社会冲突的功能[M].孙立平,等译.北京:华夏出版社,1989.

18.［日］莲实重彦.反"日语论"[M].贺晓星,译.南京:南京大学出版社,2006.

19.［美］罗伯特·K.默顿.论理论社会学[M].何凡兴,李卫红,王丽娟,译.北京:华夏出版社,1990.

20.［德］马克斯·韦伯.社会科学方法论[M].韩水法,译.北京:中央编译出版社,1998.

21.［德］马克斯·韦伯.学术与政治[M].钱永祥,等译.桂林:广西师范大学出版社,2010.

22. [美]麦克·布洛维.公共社会学[M].沈原,等译.北京:社会科学文献出版社,2007.

23. [法]米歇尔·福柯.规训与惩罚:监狱的诞生[M].刘北成,杨远婴,译.北京:生活·读书·新知三联书店,2007.

24. [英]麦克·F.D.扬.知识与控制:教育社会学新探[M].谢维和,朱旭东.译.上海:华东师范大学出版社,2002.

25. [美]莫琳·T.哈里楠.教育社会学手册[C].傅松涛,等译.上海:华东师范大学出版社,2004.

26. [德]诺贝特·埃利亚斯.文明的进程[M].王佩莉,译.北京:生活·读书·新知三联书店,1998.

27. [美]欧文·戈夫曼.日常生活中的自我呈现[M].冯钢,译.北京:北京大学出版社,2008.

28. [法]P.布尔迪约,[法]J.-C.帕斯隆.再生产:一种教育系统理论的要点[M].邢克超,译.北京:商务印书馆,2002.

29. [法]P.布尔迪约,J.-C.帕斯隆.继承人:大学生与文化[M].邢克超,译.北京:商务印书馆,2002.

30. [法]P.布尔迪厄.国家精英:名牌大学与群体精神[M].杨亚平,译.北京:商务印书馆,2004.

31. [法]皮埃尔·布迪厄,[美]华康德.实践与反思:反思社会学导引[M].李猛,李康,译.北京:中央编译出版社,2004.

32. [美]乔纳森·H.特纳.社会学理论的结构[M].邱泽奇,张茂元,等译.北京:华夏出版社,2006.

33. [美]斯蒂芬·J.鲍尔.教育改革:批判和后结构主义的视角[M].侯定凯,译.上海:华东师范大学出版社,2002.

34. [美]斯蒂芬·鲍尔.政治与教育政策的制定:政策社会学探索[M].王玉秋,孙益,译.上海:华东师范大学出版社,2003.

35. [美]鲍尔斯,金蒂斯.美国:经济生活与教育改革[M].王佩雄,孙益,译.上海:上海教育出版社,1990.

36. [日]矢仓久泰.学历社会[M].王振宇,程永华,译.长春:吉林人民出版社,1982.

37. 谢宇.社会学方法与定量研究[M].北京:社会科学文献出版社,2006.

38. 中共中央党校教务部.邓小平文选(第二卷)[M].北京:人民出版社,1994.

39. 冯尔康.中国社会结构的演变[M].郑州:河南人民出版社,1994.

40. 风笑天.社会学研究方法[M].第2版.北京:中国人民大学出版社,2005.

41. 郝大海.流动的不平等:中国城市居民地位获得研究(1949—2003)[M]北京:中国人民大学出版社,2009.

42. 胡建华,陈列,周川,等.高等教育学新论[M].南京:江苏教育出版社,2006.

43. 蒋国河.教育获得的城乡差异[M].北京:知识产权出版社,2008.

44. 李春玲.断裂与碎片——当代中国社会阶层分化实证分析[M].北京:社会科学文献出版社,2005.

45. 李汉林.中国单位社会:议论、思考与研究[M].上海:上海人民出版社,2002.

46. 李强.转型时期中国社会分层[M].沈阳:辽宁教育出版社,2004.

47. 廉思.蚁族:大学毕业生聚居村实录[M].桂林:广西师范大学出版社,2009.

48. 李书磊.村落中的"国家":文化变迁中的乡村学校[M].杭州:浙江人民出版社,1999.

49. 厉以贤.西方教育社会学文选[M].台北:五南图书出版公司,1993.

50. 刘精明.转型时期中国社会教育[M].沈阳:辽宁教育出版社,2004.

51. 陆学艺,等.社会结构的变迁[M].北京:中国社会科学出版社,1997.

52. 陆学艺.当代中国社会阶层研究报告[M].北京:社会科学文献出版社,2002.

53. 陆学艺.当代中国社会流动[M].北京:社会科学文献出版社,2004.

54. 毛泽东.毛泽东选集(第五卷)[M].北京:人民出版社,1977.

55. 清华大学社会学系.清华社会学评论(2002卷)[C].北京:社会科学文献出版社,2003.

56. 瞿葆奎.教育学文集·教育学方法[M].北京:人民教育出版社,1988.

57. 沈原.市场、阶级与社会:转型社会学的关键议题[M].北京:社会科学文献出版社,2007.

58. 孙立平.动员与参与:第三部门募捐机制个案研究[M].杭州:浙江人民出版社,1999.

59. 孙立平.失衡:断裂社会的运作逻辑[M].北京:社会科学文献出版社,2004.

60. 孙立平.转型与断裂 改革以来中国社会结构的变迁[M].北京:清华大学出版社,2004.

61. 孙立平.博弈:断裂社会的利益冲突与和谐[M].北京:社会科

学文献出版社,2006.

62. 孙立平.守卫底线:转型社会生活的基础秩序[M].北京:社会科学文献出版社,2007.

63. 佟新.社会性别研究导论:两性不平等的社会机制分析[M].北京:北京大学出版社,2005.

64. 王焕勋.实用教育大辞典[M].北京:北京师范大学出版社,1995.

65. 吴康宁.教育社会学[M].北京:人民教育出版社,1998.

66. 鲁洁,吴康宁.教育社会学丛书[M].南京:南京师范大学出版社,1999.

67. 谢维和,文雯,李乐夫.中国高等教育大众化进程中的结构分析:1998—2004年的实证研究[M].北京:教育科学出版社,2007.

68. 许庆豫,卢乃桂.教育分流论[M].南京:江苏教育出版社,2005.

69. 薛天祥.高等教育学[M].桂林:广西师范大学出版社,2001.

70. 杨德广.高等教育学概论[M].上海:上海交通大学出版社,1991.

71. 杨学为.高考文献(上)1949—1976[M].北京:高等教育出版社,2003.

72. 应星.大河移民上访的故事:从"讨个说法"到"摆平理顺"[M].北京:生活·读书·新知三联书店,2001.

73. 张斌贤,王晨.大学:社会分层与社会流动[M].北京:北京师范大学出版社,2007.

74. 张人杰.国外教育社会学基本文选[M].上海:华东师范大学出版社,1989.

75. 曾满超.教育政策的经济分析[M].北京:人民教育出版社,2000.

76. 周晓虹.西方社会学历史与体系 第一卷 经典贡献[M].上海:上海人民出版社,2002.

77.《中国教育年鉴》编辑部.中国教育年鉴(1949—1981)[M].上海:中国大百科全书出版社,1984.

78. 中华人民共和国教育部.共和国教育50年[M].北京:北京师范大学出版社,1999.

79. 全国高等学校学生信息咨询与就业指导中心,北京大学教育学院.全国高校毕业生就业状况(2004—2008)[M].北京:北京大学出版社,2010.

二、期刊报纸类

1. 卜卫.方法论的选择:定性还是定量[J].国际新闻界,1997(5).

2. 陈雯.对垒抑或统一:社会科学研究中质与量的方法选择[J].调研世界,2009(8).

3. 陈向明.社会科学中的定性研究方法[J].中国社会科学,1996(6).

4. 陈向明.王小刚为什么不上学了:一位辍学生的个案调查[J].教育研究与实验,1996(1).

5. 陈向明.质的研究中的"局内人"与"局外人"[J].社会学研究,1997(6).

6. 董泽芳.高等教育分流问题研究[J].高等教育研究,2003(4).

7. 杜瑞军.对我国高等教育入学机会分配的历史回顾——基于对1949年以来普通高校招生政策文本的分析[J].辽宁教育研究,2007(5).

8. 方长春,风笑天.阶层差异与教育活动——一项关于教育分流的实证研究[J].清华大学教育研究,2005(5).

9. 郭涛,王伟宜.不同社会阶层子女高等教育机会差异研究[J].理论导刊,2007(7).

10. 蒋国河.当前我国高等教育入学机会的城乡差异——基于对江西、天津高校的实证调查分析[J].现代大学教育,2007(6).

11. 江净帆.论质化研究与量化研究的整合[J].社科纵横,2009(8).

12. 姜添辉.华人社会的大学文凭意义、考试取向文化以及与华人文化的关连性[J].教育与考试,2010(3).

13. 李强."丁字型"社会结构与"结构紧张"[J].社会学研究,2005(2).

14. 李强.试析社会分层的十种标准[J].学海,2006(4).

15. 李通屏.家庭人力资本投资的城乡差异分析[J].社会,2002(7).

16. 林大森.台湾大学生毕业流向之初探[J].台湾教育社会学研究,2010(1).

17. 刘精明.扩招时期高等教育机会的地区差异研究[J].北京大学教育评论,2007(4).

18. 刘精明.高等教育扩展与入学机会差异:1978—2003[J].社会,2006(3).

19. 梁丽萍.量化研究与质化研究——社会科学研究方法的歧异与整合[J].山西高等学校社会科学学报,2004(1).

20. 刘云杉.女性进入精英集体:有限的进步[J].高等教育,2008(6).

21. 陆根书,刘珊,钟宇平.高等教育需求及专业选择中的性别差异及其影响因素分析[J].中国高等教育评论,2010(10).

22. 陆学艺.中国社会结构的变化及发展趋势[J].云南民族大学学报(哲学社会科学版),2006(5).

23. 孟东方,李志,周顺文,等.学生家庭社会经济地位与高等学校类型及专业选择的相关性研究(下)[J].重庆工商大学学报(社会科学版),1996(4).

24. 乔锦忠.高等教育入学机会的城乡差异[J].教育学报,2008(5).

25. 乔锦忠.优质高等教育入学机会分布的区域差异[J].北京师范大学学报(人文社科版),2007(1).

26. 沈鸿敏.高等教育升学机会地区间不平等的现状及其成因分析[J].清华大学教育研究,2007(3).

27. 沈剑平,瞿葆奎.教育研究范式简论[J].华东师范大学学报(教育科学版),1990(1).

28. 孙立平.总体性资本与转型期精英形成[J].浙江学刊,2002(3).

29. 谭敏,王志丰.改革开放以来我国高等教育入学机会分配政策回顾与思考[J].现代大学教育,2009(4).

30. 陶能祥.论高等教育分流的结构功能[J].韶关学院学报(社会科学版),2008(11).

31. 王伟宜.不同社会阶层子女高等教育入学机会差异的研究[J].民办教育研究,2005(4).

32. 吴康宁.我国教育社会学的三十年发展:1979—2008[J].华东师范大学学报(教育科学版),2009(2).

33. 吴康宁.教育研究应研究什么样的"问题"——兼谈"真"问题的判断标准[J].教育研究,2002(11).

34. 吴康宁."有意义的"教育思想从何而来——由教育学界"尊奉"西方话语的现象引发的思考[J].教育研究,2004(5).

35. 吴康宁.在假设的世界中生存:关于人的一个假设[J].高等教育研究,2005(9).

36. 吴康宁.社会学视野中的教育[J],教育研究与实验,2006(4).

37. 吴康宁.通向根基与转向背后:哲学视角与社会学视角的比较[J].教育参考,2004(5).

38. 文东茅.我国高等教育机会、学业及就业的性别比较[J].清华大学教育研究,2005(5).

39. 沃野.关于社会科学定量、定性研究的三个相关问题[J].学术研究,2005(4).

40. 谢作栩,王伟宜.不同社会阶层子女高等教育入学机会差异的探讨——陕、闽、浙、沪部分高校调查[J].东南学术,2004(A1).

41. 谢作栩,王伟宜.社会阶层子女高等教育入学机会差异研究——从科类、专业角度谈起[J].大学教育科学,2005(4).

42. 谢作栩,王伟宜.高等教育大众化视野下我国社会各阶层子女高等教育入学机会差异的研究[J].教育学报,2006(2).

43. 熊秉纯.质性研究方法刍议:来自社会性别视角的探究[J].社会学研究,2001(5).

44. 许庆豫.试论教育平等与教育分流的关系[J].华东师范大学学报(教育科学版),2000(3).

45. 杨东平.高等教育入学机会:扩大之中的阶层差异[J].清华大学教育研究,2006(1).

46. 杨东平.影响接受高等教育机会不均的制度性因素探析[J].中国高等教育,2001(6).

47. 杨旻.高等教育机会性别不平等的因素分析与对策思考[J].江苏社会科学,2009(3).

48. 杨倩.我国高等教育入学机会的性别差异研究[J].现代教育管理,2009(1).

49. 余秀兰.高考中的城市偏向——十年高考语文试卷分析[J].教育理论与实践,2004(1).

50. 原春琳.高校招生向中西部倾斜——2006年大学新生农村娃多过城市生源[N].中国青年报,2007-5-29.

51. 张建新.高等教育公平的历史轨迹——云南大学近五十年不同社会阶层子女接受高等教育机会探析[J].清华大学教育研究,2008(6).

52. 张乃和.社会结构论纲[J].社会科学战线,2004(1).

53. 张玉林,刘保军.中国的职业阶层与高等教育机会[J].北京师范大学学报(社会科学版),2005(3).

54. 钟云华.高等教育入学机会城乡差异分析[J].大学(研究与评价),2008(C1).

55. 从上海机床厂看培养工程技术人员的道路[N].人民日报,1968-7-22.

56. 苏舟.哪些职业未来最吃香[N].国际金融报,2010-9-7.

57. 方跃林,社会阶层化与高等教育入学机会的差异性研究[D].厦门大学,1991.

58. 董美英,教育机会均等视阈下重点高校大学生来源的历史研究:以上海某重点大学为例[D].华东师范大学,2009.

外文文献：

1. Raftery A E, Hout M. Maximally Maintained Inequality: Expansion,Reform,and Opportunity in Irish Education,1921—1975[J]. Sociology of Education,1993,66(1).

2. Hakim C. The Sexual Division of Labour and Women's Heterogeneity[J].The British Journal of Sociology,1996,47(1).

后　记

本书是在博士论文的基础上修订而成的。除了因回应答辩委员会提出的问题以及编辑出版技术方面的原因进行的适当调整，并未做多大修改。既然是博士论文为基础的书稿，我想应该尽量保持它原来的样子，虽然因自身能力所限，它并不完美，甚至存在可供商榷之处，但它是我过去一段时间学习的结果、交上的答卷，是我学习历程中的一处驿站，理应有属于它的印迹。

时光流逝，岁月如梭，不知不觉间，离开随园已九年有余。在从论文到书稿的修改过程之中，随园的一幕幕会不时浮现于眼前。师兄程天君说，到南师大考博、读博是一场朝圣之旅，于我则是一场冒险之旅。在烟台师范学院心理教育系（现鲁东大学教育科学学院）就读本科时，偶然读到了师姐刘云杉基于博士论文修改而成的著作《学校生活社会学》，并顺藤摸瓜，读完了鲁洁、吴康宁老师主编的《教育社会学丛书》（鲁洁、吴康宁主编，南京师范大学出版社，1999—2000 年），对教育社会学产生了浓厚的兴趣，进而萌发了考南京师范大学教育社会学硕士研究生的冲动。虽生性愚钝，但幸运有加，2005 年我顺利考取南京师范大学教育学原理硕士研究生，并师随当时教育学原理教育社会学方向唯一硕士研究生导师齐学红老师进行学习，齐老师在学术上的启迪和生活上的关怀一生不敢忘怀！因教育社会学之故，我逐渐结识了当时仍在读博的石艳师姐、王彦师姐等人,后来考博之时深受她们的关照,内心感激无以言表!2007年底,处于彷徨之中的我在舍友胡金木的鼓励之下,决定与其一起考博,继续教育社会学的学习之旅。2008年,幸运女神再次眷顾于我,使我有幸跟随恩师吴康宁老师开始博士阶段学习。师姐高水红说,智慧如老师者,可遇不可求;师兄程天君说,风范如老师者,难遇更难求;我则感到,遇师如老师者,学生三生之幸也!老师给予的人格上的熏陶,学术上的引领,生活上的关照,作为学生唯有感恩,大恩不言谢,一生铭记于心!

翻看师兄师姐们的博士论文或出版著作的后记,南京师范大学教育社会学沙龙几乎都会被提及,我也不能例外。作为一项坚持已有四分之一个世纪的集体性学术活动,它给予我学术上的滋养和心灵上的慰藉,至今仍受益匪浅!在这里,我收获了学术上的成长,从一开始不敢发言的青涩新人,到逐渐能够自信且清楚地表达自己的观点;一个学期的沙龙主持工作,使我自己逐渐领悟并掌握如何更好地推进一项学术活动;在老师指导下的沙龙文集整理过程,进一步让我体悟到学术与文字工作的严谨。在这里,我收获了一生的友谊,师姐杨跃、王海英、周宗伟、高水红,师兄程天君、王晋、葛春、周元宽,师弟桑志坚、齐立旺,师妹宗锦莲、汤美娟、王友缘;博士后彭拥军……这些一起在沙龙中唇枪舌剑、一起在饭桌上谈天说地的同门,是我一生的财富!

本书的出版,首先要感谢程天君师兄!去年此刻,接到程师兄电话,与我讨论起出版《教育与社会研究丛书》事宜,并将我的博士论文纳入丛书,使我压在箱底的博士论文又有了重见天日的机会。在书稿修改的过程中,师兄也不断指导与督促,为本书出版尽心尽力!我与师兄相识已有十五年,一起为申报江苏高校哲社基地大半夜爬楼去看基地名称的英文翻译,完成申报书后我去提交、师兄去挂水的场景总是会一次次地在脑海中浮现;无论是求学期间还是工作期间,均得到师兄诸多帮助,内心深深感激!

其次,要感谢南京师范大学出版社极其负责任的编辑们,是他们的辛苦劳动,使得本书能够顺利地出版!

最后,特别要感谢我的家人们,默默付出不求回报的四位父母,忍受委屈默默付出的妻子,还有可爱的儿子,是你们对我的宽容和无私的支持让我感受到亲情的温暖,有了不断前行的力量!

2020 年 5 月